·北京教育科学研究院学术著作出版资助基金项目

U-S合作视域下的校本化教育科研绩效

蔡歆 著

知识产权出版社
全国百佳图书出版单位

图书在版编目（CIP）数据

U-S合作视域下的校本化教育科研绩效/蔡歆著. —北京：知识产权出版社，2018.6

ISBN 978-7-5130-5533-8

Ⅰ.①U… Ⅱ.①蔡… Ⅲ.①教育研究—科研管理 Ⅳ.①G40-03

中国版本图书馆CIP数据核字（2018）第077057号

责任编辑：高　超　　　　　　　责任校对：谷　洋
封面设计：张革立　　　　　　　责任印制：刘译文

U-S合作视域下的校本化教育科研绩效

蔡　歆　著

出版发行：知识产权出版社有限责任公司	网　　址：http://www.ipph.cn
社　　址：北京市海淀区气象路50号院	邮　　编：100081
责编电话：010-82000860转8383	责编邮箱：morninghere@126.com
发行电话：010-82000860转8101/8102	发行传真：010-82000893/82005070/82000270
印　　刷：三河市国英印务有限公司	经　　销：各大网上书店、新华书店及相关专业书店
开　　本：720mm×1000mm　1/16	印　　张：13
版　　次：2018年6月第1版	印　　次：2018年6月第1次印刷
字　　数：200千字	定　　价：48.00元
ISBN 978-7-5130-5533-8	

出版权专有　侵权必究

如有印装质量问题，本社负责调换。

前　言

在高校与中小学合作已成为现今教育组织发展的重要"战略决策"和"行动逻辑"的背景下，笔者从高校与中小学合作（U-S 合作）的视角，对校本化教育科研绩效的内涵、机理、评价以及影响因素展开了理论和实证分析，并以此为基础提出改进 U-S 合作要素的对策与建议。主要内容如下：

第一章　对 U-S 合作的背景和理论依托进行了分析，在此基础之上阐明本书研究内容的意义与价值。

第二章　对研究中的主要概念进行了界定，并分类综述了相关领域的研究成果，为进一步研究打下基础。

第三章　采用理论分析的方法揭示了 U-S 合作框架下校本化教育科研的特点及其运行机制，论证了校本化教育科研绩效是 U-S 合作成效的核心体现。

第四章　在概览科研评价代表性指标之后，建构了 U-S 合作框架下四维度十六指标的校本化教育科研绩效评价指标结构模型。

第五章　对常见科研绩效评价方法进行比较，并介绍了基于模糊综合评价法对校本化教育科研绩效进行实证研究的过程和成果。

第六章　在借鉴前人研究成果和实际调查经验的基础上，对影响校本化教育科研绩效的因素进行了实证研究，分别验证了中小学、高校以及合作方式三维度相关影响因素。依据三个维度对实践改进提出了内生策略、转型策略和融合策略，以促成 U-S 双方共生共赢。

第七章　结语。

本书的完成依托于本人的博士论文以及本人承担的全国教育规划"十三五"课题，然而更是依托于在北京教育科学研究院基础教育科学研究所从事的与中小学密切相关的教育研究工作。"学校需要什么样的科研"一直是我苦思冥想的问题，虽然本书记录了前一阶段我的研究成果，但实际还有更多的问题在等待我破解。

本书虽是我个人专著，但其中包含着众多师长、同事、友人的智力支持。特别是北京教育科学研究院基础教育科学研究所张熙所长，北京科技大学文法学院毛祖桓教授、曲绍卫教授，北京教育科学研究院张娜、殷桂金等老师以及北京教育学院张祥兰博士在研究过程中给予我关键性的点拨；北京市各区县教科所大力支持我开展多次调研。在此，对所有支持我、质疑我、激励我的师长、同事、友人致以深深的谢意！

二〇一八年二月

目录

第一章 U-S 合作教育科研的发展背景与理论依托 …………………… 1
    第一节　U-S 合作的兴起／2
    第二节　U-S 合作的理论依托／7
    第三节　U-S 合作教育科研的问题与研究价值／16

第二章 U-S 合作与校本化教育科研的概念阐释及其相关研究成果 …… 19
    第一节　U-S 合作与校本化教育科研的概念阐释／19
    第二节　相关研究成果／31

第三章 U-S 合作中校本化教育科研绩效的产生机理与特性分析 ……… 48
    第一节　U-S 合作过程探析／49
    第二节　校本化教育科研绩效的产生机理与特性分析／60

第四章 U-S 合作中校本化教育科研绩效指标的研究基础与体系确立 … 69
    第一节　科研绩效指标的选取原则与分类示例／69
    第二节　校本化教育科研绩效指标的确立／78

第五章 U-S 合作中校本化教育科研绩效评价的方法选择与实际应用 … 93
    第一节　科研绩效评价常用方法／93

第二节　U-S 合作中校本化教育科研绩效评价的实施 / 104

第三节　对校本化教育科研绩效评价的元评价 / 119

第六章　U-S 合作视域下校本化教育科研绩效影响因素分析及
改进策略 ………………………………………………… 137

第一节　U-S 合作视域下校本化教育科研绩效影响因素分析 / 137

第二节　三维度行动改进策略 / 152

第七章　结　语 …………………………………………………… 186

参考文献 …………………………………………………………… 190

第一章

U–S 合作教育科研的发展背景与理论依托

知识社会的到来使得知识的生产与运用对于社会组织发展具有无可替代的决定性作用，相应地，知识生产和运用的方式也随之发生着变化，"协同创新"成为时代需求呼唤之下知识生产方式的重要模式。这种模式不仅应用于以自然科学为基础的科技领域，而且推动着社会科学以及其他复杂科学领域的变革。教育是关乎国家未来发展的重点领域。我们对教育的研究范式也在谋求转型，以求通过更符合时代需求的路径获得更为有效的、能够推动实践发展的新知识。高校与中小学合作便是当下教育研究突出的特征之一。

高校与中小学合作进行教育科学研究（简称 U–S 合作教育科研）是近年来备受关注、不断被尝试的一种教育研究模式。这一模式打破了理论与实践的截然界限，拓宽了高校理论研究的实证基础，扩大了教育研究者的队伍，使得教育研究更具有现实指导意义；同时，这一模式赋予中小学校日常教育教学以"研究"的专业特征，促进了中小学教师从"工匠型"向"专家型"转变，课程与教学在内容选择、路径建构、策略提供上更具有发展性、战略性、针对性、多元性、科学性。更为关键的是，这一模式使得教育知识的生产和运用与教育实践过程合二为一，研究问题来源于教育实践，研究发现在实践过程中产生，研究成效体现在教育实践之中，因此，教育研究能够直接提升学校的教育能力，使学校在新知的推动之下不断提高教育质量，提升人才素质，彰显教育研究价值。可见，无论是对于教育科研自身发展还是对于面向未来高素质劳动者、专门人才和拔尖创新人才的培养，U-S合作教育科研都具有重要意义。对U-S合作研究开展研究是当下的一个重要课题。

第一节 U-S 合作的兴起

一、知识生产的时代新特征催生合作研究

资源紧缺和国际竞争日趋剧烈的社会现实，赋予了知识创新以崭新的时代使命。世界经济发展模式正由传统"要素驱动"（Factor-driven）和"效率驱动"（Efficiency-driven）向"创新驱动"（Innovation-driven）转型。在创新驱动的高级知识经济社会中，以"多层次"（Multi-level）、"多节点"（Mufti-nodal）、"多形态"（Multi-modal）、"多主体"（Multi-agent）为组织结构特征和以共同演进（Co-evolution）、共同专属化（Co-specialization）、竞合（Co-opetition）为逻辑运行机理的多维协同创新日益成为世界主流知识创新范式[1]。

在现代化和全球化时代，"知识"出现了巨大的转变：知识的内容日益丰富；知识传播的速度显著提高；知识人才的培养从通用型转向专业型；知识获取渠道的多元使其不再被专业研究者所独有，知识精英与大众之间的距离缩小；知识不再被视作理所应当，而是要经过反思、批判和检验；知识被去掉了其内在的价值和意义，成为一种能够被消费和出售的产品；知识生产资料来源的全球化、国际化，使其情境性、应用性越来越受到关注；知识不再只是纯粹的经验和精神信息，还附加着各种利益主体、各种实践形态、各种文化和权力等。换言之，当前的知识生产模式已不再单纯是理想型的纯学

---

[1] 武学超. 模式3知识生产的理论阐释——内涵、情境、特质与大学向度[J]. 科学学研究，2014（9）：1297.

术生产，实际应用和问题解决模式已经占据了主导地位。正如德克鲁所言，在今天的大学里，传统的"受过教育的人"根本不被认为是"有知识的人"，他们被视作"半吊子"❶。

为此，协同创新成为时代的主流发展观和行动战略。协同创新已成为国际流行趋势，特别是发达国家更是如此。如美国的硅谷产学研"联合创新网络"，以斯坦福、加州伯克利等具有雄厚科研力量的知名大学为依托，以大规模中小高技术公司群为基础，以苹果、谷歌等大公司为龙头，形成扁平化和自治型的"联合创新网络"，从而造就了美国的硅谷，进而影响了整个世界的发展。斯坦福大学校长曾有一个著名论断——"没有斯坦福，就没有硅谷"，说明大学在知识创新、技术创新过程中的重要作用。同时，正因为存在功能完善的联盟、科学合理的体制机制，使得资金和其他资源又注入学校，使斯坦福的发展步入了更好、更良性的循环，硅谷也成就了斯坦福。又如韩国的"技术研究组合"官产学研结合，政府在其中发挥了特别重要的作用。成立以韩国电子通信研究所为首，三星电子、LG以及一批大学、政府机构等组成的共同研究开发组织，造就了三星、LG等IT界巨头。部分欧美国家它们的国家实验室设在大学。实验室成了连接大学与企业或研究机构的技术创新平台——大学与企业人员共同参与、动态管理，政府拨款开展基础研究，实验室大量承担企业关键技术攻关，并形成了大学与企业间良好的创新传递关系，同时也培养了大批高层次的创新型人才。协同创新不再把创新主体割裂为知识生产和实践应用，而是把整个产业链条连接在一起，在过程中谋求以实践效果为指向的创新绩效。

2012年5月7日，我国教育部正式启动了《高等学校创新能力提升计划》（简称2011计划），该计划以"人才、学科、科研"三位一体创新能力提升为核心任务，通过构建面向科学前沿、文化传承创新、行业产业以及区域发展重大需求的四类协同创新模式，深化高校的机制体制改革，转变高校创新方式。

---

❶ [美] 彼得·F. 德鲁克. 后资本主义社会 [M]. 傅振焜，译. 北京：东方出版社，2009：49，48，50，217.

可以看出，协同创新业已成为当前推动教育、科研、社会整体发展的重要模式，如何建立和完善协同创新机制，从而实现人才培养、学科建设、科研成果、产业发展等多方面质量提升目的，成为理论和实践研究的重大课题。

二、U-S 合作是教育科学研究深入发展的根本诉求

实施科教兴国战略是中华民族伟大复兴的基本国策，是中国经济社会现代化发展的必由之路。无论是作为教育工作的一部分，还是作为科学研究的一部分，教育科研都在其中担负着促进教育发展和繁荣科学研究的双重责任。所谓教育科研，包含了教育和科学研究两个核心概念，是指在教育领域进行的创造性认识实践活动。教育科学研究作为研究人的身心和谐健康发展与智慧增长之学，代表着人类自身能力建设水平从本能阶段、经验阶段向有意识的反思阶段的进步。教育是一种社会实践活动，教育科研因此具有针对性、实践性强的特点，同时教育科研的对象兼具人文性和复杂性特征，这些因素决定了教育科研不能停留在实验室中，而必须与教育实践交互发展、良性互动。学校是最为主要的、专门从事教育活动的机构，它不仅为教育科研提供了丰富的对象与经验，并且也深度参与教育科学研究活动。

如恩格斯所说"历史从哪里开始，思想过程就应当从那里开始"，对教育的思考伴随着教育的整个历史，孔子、苏格拉底等教育家从自己的教育实践中提炼出具有广泛适应性的教育观点和原则，在教学中进行着自然经验状态的教育研究，教育者和研究者同属一人。随着教育学科的确立以及教育科学体系的逐渐完善，教育研究越来越依赖于专业研究人员的细化分工，虽然很多研究者具有教学经验，或者开办过学校，但其主要身份并不是一线教育者，而是大学研究机构的专业职人员，他们结合教育经验，从哲学、心理学等学科理论出发，演绎出教育科学的理论与方法。大学研究机构与普通中小学处于相对分离的状态，大学研究机构积极进行教育科学研究，而普通中小学仅作为研究成果的使用者。

随着教育科研的深入发展，学校教师对于教育科研的独特作用被发现，

在《课程研究与编制导论》一书中，斯腾豪斯指出，"教师是教室的负责人，而从实验主义者的角度来看，教室正好是检验教育理论的理想的实验室。对那些钟情于自然观察的研究者而言，教师是当之无愧的有效的实际观察者。无论从何种角度来理解教育研究，都不得不承认教师充满了丰富的研究机会。"❶ 从而明确提出教师应当成为研究者。斯腾豪斯不仅吸收和鼓励部分中小学教师在自己的"人文课程研究"的研究小组中进行教学研究尝试，而且还成立了包括中小学教师和管理人员在内的"教育应用研究中心"（the Centre of Applied Research in Education）进一步推动教师研究的实践。

凯米斯吸收了斯腾豪斯"教师成为研究者"的思想，并进一步借鉴哈贝马斯关于"知识构建兴趣"（Knowledge-constitutiveinterests）的分类方式❷，将研究人员和教师共同进行的行动研究分为："技术性行动研究"（Technical Action Research）、"实践性行动研究"（Practical Action Research）和"解放性行动研究"（Emancipatoryaction Research）。他提出，学校教师按照外来专家指导在实践中检验理论成果时，可能产生"技术性行动研究"；而在"实践性行动研究"中外来专家一般与学校教师保持伙伴关系，帮助他们表达自己的想法，设计改革的行动策略，控制问题情境和各种变量；当促进者帮助教师形成了自己的研究共同体，由教师自己的共同体来引导他们进行自我反思，外来的所谓促进者不再表现其促进活动时，则转向"解放性行动研究。"正因为"解放性行动研究"具有集体的、共同体的性质（当然还有另外一些重要的特征），弥补了斯腾豪斯的"教师成为研究者"范式中以"个体户"为主的不足。技术性和实践性行动研究只有暂时的意义，即只有它们向共同体靠近、向"解放性行动研究"过渡时才有存在的价值。❸

在斯腾豪斯、凯米斯等人的推动下，中小学教师的科研主体功能越来越

---

❶ Stenhouse. Curriculum Rresearch and the Professional Development of Teachers, In An Introduction to Curiculum Research and Development [M]. London: Heinemann Educationalbooks, 1975: 89–110.

❷ 哈贝马斯将人类认知兴趣分为三种：技术兴趣；实践兴趣；解放兴趣。参见 W. Carr, S. Kemmis. Becoming Critical: Education, Knowledge and Action Research [M]. London: The Falmer Press, 1982: 134.

❸ Carr W, Kemmis S. Becoming Critical: Education, Knowledge and Action Research [M]. Frankfurt: The Falmer Press, 1982: 202–205.

被重视,大学科研机构与中小学的合作关系也逐渐深化。更多科研机构开始着力建构一种新型的、旨在发挥高校(University)教育研究部门与一线学校(School)各自优势的 U-S 合作教育研究模式。这种模式使得教育研究更具生命力,在理论与实践的转化之间更为顺畅。

与此同时,随着国家以及公众对于基础教育质量要求的不断提升,中小学校也要不断提升自身教育教学能力,"专业化"成为学校发展的时代要求。而专业与非专业的重要区别之一就是"运用高度的理性技术"[1],如何实现"理性",如何寻找适切的"技术",都对教师开展教育科研提出了要求,是否能够在科学论证的基础上提出教育教学方式的改进技术成为专业化教师与教书匠的根本区别。然而现实中,一线学校虽然有着丰富的实践经验,但并不擅长研究,也不可能投入过多精力研究,因此迫切希望大学的专业力量介入,借助大学的理论与方法支持进而有效开展校本化研究。

20世纪90年代以来,各具有教育研究职能的高校(以师范类高校为主)纷纷与中小学建立合作关系。比较具代表性的 U-S 合作教育科研项目是华东师范大学叶澜教授主持的"新基础教育"研究项目。为开展世纪初中国基础教育学校"转型性变革"的理论与实践研究,项目形成由华东师范大学课题组、"新基础教育"研究所、项目学校三部分组成的"新基础教育共同体","理论研究人员在研究中承担着提出理论和整体策划研究的任务。理论在研究过程中起着引领价值取向、促进新观念体系形成和对变化着的研究实践作出综合式的抽象,不断提出新问题和新任务,以及原则性的行动意见等方面的作用。这使得理论研究具有特色综合抽象和在研究中动态生成的事理研究的特征,并于变革实践形成了具有相互构成、共生同长、相互推进的独特内在关系"[2];而实践者在内化外部理论、转变个人实践的过程中"感受理论的价值,体验实践变革对自己成长的价值,发现自己在理论、实践转换中的独特作用,由尝试性变革走向创造性的变革,在创造性变革中提升自己的价值和智慧,同时也为理论研究提供经验和资源,乃至自觉提炼新的经

---

[1] Liberman M. Education as a Profession [M]. NJ: Prentice-Hall, 1956: 2-6.
[2] 叶澜. "新基础教育"发展性研究报告集 [C]. 北京:中国轻工业出版社,2004:41.

验与理论。"❶ 此外，"香港跃进学校计划"和"优质学校改进计划"（香港中文大学）、"优质学校"建设项目（东北师范大学）、"教师发展学校"（PDS）（首都师范大学）等项目也产生了较大的影响力。近十年来，为推动义务教育均衡发展，北京、上海等发达城市加强了对高校教育资源的利用，以政府推进为动力，增大了高校与中小学的合作范围，更多高校和中小学建立了合作关系。目前，如何更好地开展大学科研机构与中小学的协同研究成为教育科研实践和管理研究的新热点。

第二节 U-S 合作的理论依托

教育科研是教育领域的知识生产，而社会知识生产模式已经由于社会组织发展方式的变化而发生了转型，因此知识生产模式理论成为阐释合作性教育科研方式合理性的最有力理论。知识生产方式的变革使得更多主体参与到知识生产过程中，组织运行的过程与知识生产过程交互前行。同时，从组织管理理论来看，高校和中小学都不可避免地对外部资源有所需求以便更好地实现自身发展，这一选择正是资源依附理论的核心所指。为进一步探寻 U-S 合作这一新型教育知识生产过程的机制，则需要以社会交换理论为指导，明确高校和中小学双方的优势与需求，在此基础上建构更为稳定、高效、共赢的合作机制。

一、知识生产模式理论

长期以来，高等教育机构作为知识核心生产者的地位和作用毋庸置疑，但是随着知识与经济、社会之间关系的日益紧密，知识的生产方式发生着变化，学者们开始关心知识的生产模式，旨在探讨知识生产与传播过程中主体及其运行机制的重新整合问题。特别是 20 世纪 70 年代以来，"科学转型"

---

❶ 叶澜."新基础教育"发展性研究报告集[C]. 北京：中国轻工业出版社，2004：41.

"研究转型""知识生产方式转型"已成为社会科学与科技政策研究领域的核心问题意识之一。"大小科学"[1]"终结的科学"[2]"后学院科学"[3]"后规范科学"[4]"创业科学"[5]"学术资本主义"[6]"三重螺旋"[7]等成为比较有代表性的知识生产方式转型理论。这些理论对于知识生产过程的具体阐述不尽相同，但是其共同之处都在于明确了知识生产现代转型的新趋势。可以看出，以学科为中心、具有稳定组织边界、封闭、象牙塔式知识生产方式，在面对科技综合化、社会问题复杂化的挑战下，难以满足实际需求，需要实现转型。在探索中，以高校为核心的知识产方式呈现出"生产跨越学科界限""组织方式更加灵活和随机""研究目标更加明确具体"等新特征。

在这些转型理论中，迈克尔·吉本斯（Michael Gibbons）等6位学者所著《知识生产的新模式》一书提出了知识生产的"模式2"理论影响深远。

吉本斯等人认为，知识生产"模式2"不是简单借用已有的学科理论、概念和方法，而是超越了现有的学科理论和范式[8]。从本质上说，"模式2"是一种新的知识生产范式。和传统的知识生产"模式1"相比，"模式2"具有以下五个方面的特征。

第一，应用语境。虽然知识生产"模式1"也有实际应用，但是应用通常与实际生产相分离，往往表现为先开发然后再应用。而在知识生产"模式2"中，生产与应用存在于同一过程，两者不相分离。相比之下，新的知识生产模式将关注点置于知识在工业、商业、经济、通信和政府政策等领域间

---

[1] Price D. Little Science, Big Science [M]. NewYork：ColumbiaUniversity Press, 1963：30.

[2] Bohme G. Finalization in Science [J]. Social Science Information, 1976（15）：307-309.

[3] Ziman J. Postacademic Science：Constructing Knowledge with Networks and Norms. Science Studied, 1996（9）：67-80.

[4] Funtowicz S O. Ravetz J R. Science for the Post-normal Age. Futures, 1993（7）：735-755.

[5] Etzkowitz H. The Second Academic Revolution and the Rise of Entrepreneurial Science. IEEE Technology and Society Magazine, 2001（2）：18-29.

[6] [美] 希拉·斯劳特，拉里·莱斯利. 学术资本主义：政治、政策和创业型大学 [M]. 梁骁，黎丽，译. 北京：北京大学出版社，2008：56.

[7] [美] 亨利·埃茨科威兹. 三螺旋 [M]. 周春彦，译. 北京：东方出版社，2005：78-99.

[8] Gibbons M, Limoge C, Nowotny H, Schwartzman S, Scott P, Trow P. The New Production of Knowledge. In：The Dynamics of Science and Research in Contemporary Societies [M]. London：Sage Publications, 1994：179-192.

题上的直接运用，而不是基础研究。

第二，超学科性。知识生产"模式2"以实际问题为导向，不受现有学科领域限制，不止步于对原始数据的加工，而是强调对数据和资源的重新构造。该模式综合运用一系列理论、观点、方法解决各种实际问题，因此最终解决方案经常超出了单一学科的知识范围，从而具有"超学科性"。"超学科性"意味着不同学科之间的动态互动，一旦理论共识达成，就不容易也没有必要再分解为单一的学科要素。

第三，异质性。知识生产"模式2"中主体、场所和资金来源是多样且异质的。首先，知识生产场所不仅包括了传统的高校、研究所和工业实验室，同时也还包括了研发中心、政府机构、思想库、咨询顾问公司、小型高技术企业、跨国企业、网络公司等新兴非大学组织机构。其次，知识生产者队伍多元，学者、研发设计者、生产工程师、熟练技工等不同背景的利益攸关者都可以带着不同的经验和技能参加进来。最后，解决方案同时包含着经验与理论、认知与非认知等成分。

第四，反思性。知识生产"模式2"是一个对话与沟通的过程。这其中，研究者要具有高度的研究应用敏感性和社会责任感，能够整合不同的观点。在以往的研究中，更加强调客观独立，价值观作为非科学因素被摒弃在科学系统之外，但在"模式2"中，价值观在问题的界定、解决以及成果评估方面发挥着十分重要的作用。知识生产"模式2"不仅要对科技术语进行解释，还要在偏好和价值观的引导下对问题的解决方案进行选择。研究过程越来越强调反思性，人文学科的重要性不断凸显出来。

第五，质量控制的新形式。传统知识生产质量控制主要依赖于同行评审，而"模式2"的质量控制不仅需要同行评定，而且需要纳入语境、运用和规范等评价因素。"模式2"知识生产的质量是由"一个广泛的系列标准来决定，这个系列标准反映了评价系统由扩大了的社会构成"[1]。"模式2"中，应用语境吸纳了社会、经济和政治等领域的知识分子，因而质量控制的

---

[1] Gibbons M. What Kind of University? Research and Teaching in the 21st Century [M]. Melbourne: Beanland Lecture, Victoria University of Technology, 1997: 8.

标准更加多样化。

从狭义上讲，知识生产就是研究活动与过程。高校的科学研究是直接的知识生产活动，知识生产模式的变革必然对高校科学研究产生全面而深远的影响。

1. 高校科研理念转变：任务驱动

知识生产方式所呈现出的开放性特征，决定了大学所秉持的"为知识而知识、为学术而学术"的象牙塔科研理念已无法满足社会发展的实际需要和自身生存要求。尽管在许多国家，政府仍是高等教育资金的主要来源，但从研究系统的角度来看，对外部经费的需求鼓励了研究者去主动适应社会的需要。经费资助形式的变化使得任务驱动的研究成为科学研究的主要取向。以兴趣驱动的研究由于很难获得经费支持变得越来越艰难，其研究理念受到了任务驱动理念的威胁。"为社会需求而科研"的理念正在深刻影响着"为科研而科研"的价值追求。

2. 高校科研方式转变：主体协同

独创性是知识生产的最高价值，但科技综合化和研究规模的扩大使得个人独立开展的研究活动变得越发困难。任务驱动的知识生产模式的出现，使知识生产越来越少地作为独立的活动而存在。因此，大学与社会其他组织，大学组织内部加强主体协同就成为大学科研的重要研究方式。大学在现实面前不得不放弃知识生产的垄断地位，通过形式和功能的进一步扩展和多样化的组织协同促进自身的生存和发展。

3. 高校科研组织变革：跨学科

传统的大学科研往往局限于单一学科领域，在组织上通常是各学科各成体系，组建团队，独立开展课题研究。这种传统的以学科或专业为基础形成的"内生性"的大学科研组织，因为其目标和利益的一致性而导致学科壁垒的形成，制约了学科间的联系和合作，在一定程度上阻碍了科学技术的发展。面向国家和社会需要的知识生产方式客观上要求大学的科研组织是跨学科的，这种"外生性"的跨学科科研组织具有人才的流动性和机制的灵活性，知识生产更加动态和开放，资源的配置更为优化等特征，比传统的知识生产组织具有更大的优势。就目前大学科研实践而言，跨学科知识生产组织的建立需要消除学科之间的壁垒，破除现有的大学科研组织的体制机制障碍，对传统的以学科为中心的科研组织进行必要的解构。因此，促进跨学科的组织变革的前提和基础是大学科研体制机制创新。

4. 高校科研评价方式转变：客户评价

大学的科研评价是为了提高科研质量和对科研经费的分配及使用进行问责而建立起来的。传统的大学科学研究的质量主要通过同行评议来保证。但知识生产的跨学科趋势、主体多元性和组织多样性趋势等使得知识生产参与者的不同质量标准都将进入质量控制的过程之中。尤其是随着科研资助者对其投资回报的强调，大学科研资助的供给者——客户的质量评价成为大学科学研究的指挥棒。科学研究质量控制标准多样性也使得大学的科研评价表现出了从同行评议向兼顾科研利益相关者评价的转变。

二、资源依附理论

20世纪60年代，开放系统理论被学者丹尼尔·卡茨（Daniel Katz）罗伯特·卡恩（Robert Kahn）正式引用到组织研究，将组织外部环境考虑到组织发展过程中来。路德维格·冯·贝塔朗菲（Ludwig Von Bertalanffy）曾指出："有机体不是封闭系统，而是开放系统。我们把没用物质输入或输出的系统叫作封闭系统，而把有用物质输入或输出的系统叫作开放系统。"[1] 组织是与环境之间进行持续不断的资源交换、与环境相互依附的开放系统。20世纪70年代至80年代，开放系统理论被美国管理理论学者加以发展，形成了崭新的管理理论即开放系统管理理论。与其他管理理论相比，开放系统管理理论的最大特点是："它站在最新的管理角度看问题，不但考虑影响组织的内部因素，还考虑影响组织的外部因素。"[2] 开放系统理论不断发展完善在许

---

[1] 冯·贝塔朗菲. 一般系统论：基础、发展和应用 [M]. 北京：清华大学出版社，1987：113.
[2] 张敏，李方. 运用开放系统理论提高高校管理效益 [J]. 高教探索，1998（2）：37.

多领域发挥了重要作用，因此各国教育管理人员以这种崭新的教育观和方法论，开始对教育领域的诸多问题展开研究。

1978 年两位著名学者普费弗（Jeffery P feifer）和萨兰茨克（Gerald Salamanca）在其著作《组织的外部控制》（The External Control Organizations）一书中系统阐述了资源依附理论。他们认为无论是何种性质组织都不可能完全自给自足，营利性组织通过盈利为组织自身提供继续发展的资源，前提是该组织获得可以盈利的资源。公益性组织更需要从外部环境中汲取关键资源，以维持自身的生存与发展。因此，所有组织都不可避免地与外部环境进行各种资源交换，并由此获得生存。虽然所有组织因资源依附性很明显被外部环境所限制，但他们并非"无计可施"，组织可以针对不同的外部情况采取不同的策略，以谋求外部组织对自己的支持。另外组织内部权力构成对于组织发展以及组织联盟间的策略选择具有很大的影响。"普费弗和萨兰茨克认为，战略选择不仅是可能的，而且——尽管不是必然的——也是有效的。"❶ 资源依附理论认为，不同组织之间相互依附局面的形成，是因为这些组织相对于其他组织有更多的资源优势，或者是因其在社会领域所处的优势地位所决定的。例如，教育行政部门是学校重要的资源提供者，为不同层级、不同类别的学校组织尤其是具有公益性质的学校（比较典型的是提供九年义务教育、高中阶段教育的学校）提供发展的关键资源，但很难说地方教育行政部门依附各类学校。因此，依附政府政策、财政、人力等资源而生存、发展的学校则会更多地依附政府，但政府则很少依附学校组织。另外，对于组织或者不同组织形成的关系联盟而言，对外部环境资源的依附也将造成组织内部各种力量对比的变化。相对而言，组织中的部分成员、团队或者部门具有从外部环境中获得关键资源，克服对外部环境过度依附等的能力时，他们通常在组织中获得更高的地位、更大的权力。由此我们可知，在教育事业迅速发展的今天，学校组织不仅要关心组织内部资源条件，还要对组织外部环境资源投入更多精力。组织发展所需的关键资源使学校组织对外部环境形成资源依

---

❶ 王海英. 学校组织的行动逻辑 [D]. 长春：东北师范大学，2009：5.

附，而学校组织力求通过与环境的资源交换提高自身的竞争力、实现长远发展。

"根据组织研究中的资源依附理论，没有组织是自给的，所有组织都在与环境进行交换，并由此获得生存，在和环境的交换中，环境给组织提供关键的、稀缺性的、组织不可或缺的资源。"[1] 组织对外部环境中的关键资源的需求，导致组织对外部环境中拥有该资源组织的依附，组织需求的资源越稀缺、越重要便会导致组织对外部环境依附程度越高。虽然任何组织都必须与其他组织进行资源交换，但资源依附理论也提出，组织并非被动地依附外部环境，通常他们有条件与环境交换，并有能力对环境变化作出不同反应，来获得关键资源支持组织的持续发展。人们通过资源依附理论认识到，学校组织作为开放组织，必须不断作出各种调整来适应外部环境变化，另外也要不断地选择有利环境、抵制不利环境来为学校发展创造最好的外部环境。使学校组织与外部环境的冲突降到最低。我国正处于不断深化改革的时期，教育领域的改革也不断深入，资源依附理论对于处于不断变化中的学校组织发展提供了崭新的视角，对于分析目前我国大学与中小关系改进问题具有重要意义。

对组织的资源依附状况进行分析，要从以下几个方面考虑：组织发展需要什么类型的资源、需要资源数量是多少、获取资源途径有哪些，等等，明确组织的关键资源对于组织发展至关重要，同时明确组织拥有这些关键性资源的时间、类型、数量以及获得资源的现有途径及潜在途径，等等。同时也要明确组织自身具有的资源优势，最大限度地降低自组织对他组织的资源依附性，增强与他组织交换资源的能力。组织间不同的沟通状态对于组织发展具有不同的影响，组织间形成畅通的沟通与交流可以帮助不同组织间展开资源的相互利用，以此来增强组织各自实力；而组织间良好的交流可以减少因信息不对称造成的诸多沟通障碍，合理分配关键资源提高不同组织间协作能力。学者沃伦·本尼斯（Warren G Bennis）认为组织是存在于社会中的一种

---

[1] 王菊. 资源依附与高校发展定位的类型选择——从社会学的角度看我国高校发展定位问题[J]. 清华大学教育研究, 2007（6）: 63.

具有复杂性和自治性的社会单元。其自治性要求组织为生存下去必须有意识地协调组织成员之间的活动，维持组织内部资源的政策运用；而其复杂性则要求组织不断协调与外部环境的诸多关系。沃伦·本尼斯的观点本质是从组织与社会关系角度来阐述他的组织系统论理论。资源依附理论正是将组织作为一个整体，提高组织与外部环境协调关系的能力，这即是一种"外协调"或"外适应"。大学与中小学作为两类不同层级的教育组织，对彼此具有一定的资源依附性，双方需要进行"外协调"或"外适应"来解决自身面临的资源劣势，提高组织在竞争中的实力。

三、社会交换理论

社会交换理论是20世纪60年代兴起于美国进而在全球范围内广泛传播的一种社会学理论。该理论从报酬和代价的角度解释人与人、社会群体与社会群体间的交往机制。

该理论代表人物霍曼斯（George Casper Homans）主张人类的一切行为都受到某种能够带来奖励和报酬的交换活动的支配，因此，人类一切社会活动都可以归结为一种交换，人们在社会交换中所结成的社会关系也是一种交换关系[1]。另一位代表人物布劳（Blau）则指出，并非所有行为都是交换，而是当满足以下两个条件时，交换行为才会发生："一是该行为的最终目标只有通过与他人互动才能达到；二是该行为必须采取有助于实现这些目的的手段"[2]。他认为社会交换产生于吸引，社会吸引过程导致社会交换过程，互相提供报酬将维持人们之间的相互吸引与继续交往。布劳提出了社会交换的6个基本命题：理性原理、互惠原理、公正原理、边际盗用原理和不平等原理，这些原理与霍曼斯交换命题在本质性内容上是大致相同的。同时，他还指出有三个要素影响着交换的过程：一是交换过程中交换双方的特点和性

---

[1] George C. Homans. Social Behavior as Exchange [J]. American Journal of Sociology, 1958 (63): 597-606.

[2] [美] P. 布劳. 社会生活中的交换与权力 [M]. 张非，张黎勤，译. 北京：华夏出版社，1998: 140.

质；二是社会报酬的性质和获得它们时付出的成本；三是交换行为所处的社会背景。

并不是所有的社会交换都是对等的。人际关系即可以是交互的，也可以是单方面的。社会交往中义务不平等就会使一方获得权力，而另一方失去社会独立性。布劳认为，个人或群体要保持社会独立性，就必须具备以下条件：（1）战略资源。一个人（群体）如果拥有使其他人为自己提供必要服务和利益的有效诱因的所有必要资源，那么他就受到了保护，不会变得依赖于任何人（群体）。（2）替代资源。一个人（群体）如果在别的地方同样也能获得某种服务，拥有可以替代的某种服务的提供者，那么他就不必依赖于某人（群体）不可。（3）强制力量，如果他拥有强制力量迫使别人（群体）提供必要的利益或服务的能力，那么他就不必依赖特定的人（群体）。（4）减少需要。一个人（群体）如果能在没有某种服务的情况下也能正常运行，那么他就不一定去依赖某种特定服务的提供者。❶

布劳对宏观社会结构中的社会交换进行了大量研究，他发现群体间的交往和个体间的交往有很多相似之处，追求报酬的欲望同样支配群体间的交往，它的交往模式大致也经历了"吸引—竞争—分化—整合"这样一个过程。群体在向可能的交往者表现出吸引力方面进行竞争，竞争的结果是出现平衡的或不平衡的交换关系，如果群体间的交换是平衡的，就会形成相互依赖的关系，如果是不平衡的，就会出现地位和权力的分化。当某一群体取得权力地位并与其他群体建立依从关系而且能有效地控制从属群体时，一个更大的整体也就形成了。权力产生于交换过程的不平衡状态，同时对立与冲突也孕育而生。与个体交换不同在于，宏观社会中人与人的交往往往是间接的，成本与报酬的联系是远距离的，因此，它需要某种机制来传递人与人之间的关系结构，而"共同价值"则提供了这一机制，因为共同价值为宏观结构中复杂的间接交换提供了一套共有的标准，使参与的各方能以同样的情景定义进行交换。以社会规范为中介的间接交换替代个体之间的直接交换是宏

---

❶ 饶旭鹏. 论布劳的社会交换理论——兼与霍曼斯比较［J］. 甘肃政法成人教育学院学报，2004（3）：128-130.

观社会结构的基本机制。

社会交换是高校与中小学合作研究的基本机制。双方必须建立共同价值，在共同标准下发挥各自资源优势，找寻双方平衡点，不断维护双方相互依赖的关系，避免强权出现，才能保持有效、稳定的合作关系。

第三节 U-S 合作教育科研的问题与研究价值

高校研究机构与中小学合作进行教育科研其本身是一种协同创新形式，是不同主体发挥各自优势，通过缩短理论与实践交互作用链条，快速实现理论与实践对接，最终获得理论与实践共同提升的探索性活动。"2011 计划"提出的推进高校八个方面的机制体制改革也是 U-S 合作教育科研模式需要健全和发展之所在。这其中，如何形成"以创新质量和贡献为导向的评价机制"尤为关键，因为它直指教育科研协作创新的效果，是其他几项机制实施的根本意义所在。

反思为时不长、但发展迅速的 U-S 合作教育科研推进历史不难发现，此种模式虽由教育发展内源性需要应运而生，但在实际推进中却也并非按理想状态顺畅运行，高校科研机构和中小学校由于工作性质不同、文化传统不同、目标取向不同、研究范式不同、评价标准不同，时常产生"低效合作"甚至"假合作"现象，表现为：

（1）单方强势。高校研究机构完全支配中小学校，后者缺乏主动权，被动按要求执行操作命令，仅成为研究样本，为高校研究提供数据，不但没有受益于研究工作，还增加了工作负担。

（2）理论真空。一些高校研究机构的科研工作者缺乏对中小学一线的了解，在协作中又缺乏必要的深入调研机制，导致研究假设过于理想化，没有考虑真正实践中的复杂因素，给学校层面的研究活动造成操作困难，使得研究成果的条件适应性极为有限。

（3）形式主义。中小学校与高校科研机构没有真正就某一问题从不同角度、不同层面开展研究，没有把理论应用到实践、由实践再度反思完善理论的过程作为合作重点，而是把现有实践套用在理论之下，按部就班行动，采用简单举例的方式完成所谓论文，采用工作进程总结的方式完成所谓报告，教师的思考智慧没有得到激发，教育行为没有实质性改进。

（4）缺乏动力。由于中小学教育教学任务较重，教育评价反馈的及时性、敏感性强，因此教师对于探究、改进这类需要投入智力、精力成本甚至还有一定风险的高层专业活动的投入热情总体不足，习惯于"请告诉我该怎么做"的被动执行方式。

（5）成果短效。教育研究的最终目的是深化认识改进实践，但是由于一些合作项目成果普适性不足，造成项目成果不仅没有在更大范围推广，甚至在项目学校中都未能得到延续，研究效益低下。

上述问题产生的原因是多方面的，但其中很重要的一点是：U-S合作中S一方的研究主体作用尚未有效发挥，未能将教育研究与学校发展实际需要紧密结合，学校发展的思路仍停留在基于行政指令的经验式应对上，缺乏专业的研究与探索精神。因此，如何能将高校的科研引领转化为本校的科研实践，通过校本教育科研提升学校发现、分析、解决教育问题的专业能力，开发出提升教育教学质量的工具、方法、策略，成为决定U-S合作教育科研成效的关键。

以校本化教育科研绩效为切入点，通过明晰校本化教育科研绩效的指标、结构、影响因素、现状特征，进而提出改进策略，提升U-S教育科研合作实效，其研究意义与价值表现在如下三方面：

（1）拓宽U-S合作的理论基础。U-S合作发端于高校，高校作为教育研究者的功能定位及其运行方式相对成熟，但作为合作另一方的中小学，既有与高校科学研究、教育科学研究相一致的活动特性，又有因主体特殊性而产生的特殊规律。本研究从校本化教育科研绩效这一构念入手，从整体角度探索中小学教育科研在功能、方向、机制、效果等方面的结构和性质，在理论上明确中小学教育科研的特殊形态，有助于在尊重合作双方的主体地位的基础上发挥各自优势。

(2) 明确 U-S 教育科研合作着力方向。按照德鲁克的观点，管理活动的成效一方面表现为"把事情做好"的效率问题，但更重要的是"做正确的事"的绩效问题❶。本研究提出"校本化教育科研绩效"是 U-S 合作实效的最终体现，只有学校科研绩效提高了，U-S 合作科研的效果才能得到印证和发展。明确校本教育科研绩效指标有助于帮助高校和中小学树立正确的绩效观，判断科研工作的着力点，帮助高校与中小学从"促进学校自主、内涵发展"的角度设计和评价科研活动，扭转"重形式不重本质"的现实偏差。

(3) 优化教育科研管理。通过对影响因素的研究，进一步发现不同因素对校本化教育科研绩效的影响机制，从而有针对性地优化 U-S 合作环境，寻找有效合作策略，理顺合作关系，改进合作机制，最大限度地发挥双方科研优势。

---

❶ [美] 彼得·德鲁克. 有效的管理者 [M]. 屠瑞华，张晓宇，译. 北京：工人出版社，1989：103.

第二章
Chapter two

U-S 合作与校本化教育科研的概念阐释及其相关研究成果

校本化教育科研和 U-S 合作是近年来我国教育实践领域快速兴起的行动模式，但是实践的创新并不是无源之水、无本之木，它只是整个社会发展演进阶段的特点在教育领域的具体体现。前人关于社会组织知识生产与评价的研究为本研究得以建构与实施提供了重要引领。本书研究的创新视角在于在 U-S 合作的框架下审视校本化教育科研绩效，或说通过校本化教育科研绩效判断 U-S 合作的有效性，因此，有关 U-S 合作、校本化教育科研以及科研绩效研究的大量前期研究成果为本研究将两要素拟合的创新探索提供了理论依据和研究基础。

第一节 U-S 合作与校本化教育科研的概念阐释

一、U-S 合作的概念阐释

合作（cooperation）是指个人与个人、个人与群体、群体与群体之间为达到共同目的而进行的联合行动。《辞海》对此的解释是："为了共同的目的，一起工作或共同完成某项任务"❶。对于什么是合作，很多学者进行了深入的探讨。卡根（Kagan）将合作界定为："合作是一种组织的或跨组织的结构，在这个结构中，资源、信息、权利都是共享的，所有成员都被组织在一起，共同行动，以实现单个成员或机构无法达到的目标。"❷ 莱斯（Rice H）对合作的定义为："合作就是围绕共同目标的实现，把各组织的资源、信息、权利、兴趣和利益进行再组织、再调整而产生一个新的有机体的过程。"❸ 布鲁纳（Bruner C）进一步指出：合作是"一种被用来达成个体无法或者说至少不能有效地实现某个目标的手段。合作是达到结果的手段，而不是结果本身。"❹

具体到高校与中小学合作（U-S合作），不同学者提出了自己的内涵界定。美国学者古德莱德（Goodlad）和霍尔姆斯小组认为，"U-S"合作是一种伙伴关系，是两个不同性质的机构走到一起，为自己和利益，为追求解决共同的问题而建立的关系。这种关系最好的状态是"共生"（Symbiotic）关系❺。塞勒等（W Seller et al.）在对加拿大安大略教育研究所与多伦多大学联合实施的长达30年的高校与中小学合作地区中心模式的考察中列举了U-S合作的丰富内涵：关系的持续性、多侧面的项目、合作议程的建立、独特的解决方案、知识的可迁移性以及平等合作等。❻ 崔允漷认为U-S合作具有多种意义，从狭义理解，合作关系是指不同组织之间基于平等合作的正式关系；从更宽泛的意义理解，凡是出于共同愿景，为满足伙伴各方利益而进行

---

❶ 辞海（上册）[M]. 上海：上海辞书出版社，1999：912.

❷ Kagan. Cooperative Learning [M]. San Clement：Resources for Teaching Inc.，2009：158-160.

❸ Rice E. The Collaboration Process in Professional Development Schools [J]. Journal of Teacher Education，2002（1-2）：34-60.

❹ Bullogh Jr, Robert V. Partnerships Between Higher Educarion And Secondary Schools：Some Problems [J]. Journal of Education for Teaching，1997，23（10）：205-223.

❺ Goodlad J I. School-University Partnerships for Educational Renewal：Rationale and Concepts [A]. //Sirotnik, Kenneth A, and Goodlad, J. I. School-University Partnerships in Action：Concepts, Cases, and Concerns [C]. New York：Teacher College Press，1988：3.

❻ Wayne Seller & Lynne Hannay. Inside-Outside Change Facilitation, in：Structural and Culture on sideration in：The Sharp Edge of Educational Change. edited by Nina Bascia & Andy Hargreaves. London：New York Routledge，2000. 转引自崔允漷. 基于伙伴关系的学校变革 [J]. 当代教育科学，2006（22）：4.

的互动关系都可成为合作关系。❶ 杨朝晖从构成 U-S 合作的要素出发，认为 U-S 合作包含以下共同内容：合作的缘由——合作必然出自一定的背景和动机；合作的主体——合作意味着有一个以上的主体参与；合作的架构——双方需要一定的载体或机制加以联结；合作的过程——合作是一个互动、生成的过程；合作的结果——合作最终追求的是一种互惠的结果；合作的性质——双方具有平等关系，需要共守规则，共承责任。

笔者认为：U-S 合作是高校（University）与中小学（School）依托跨组织共同体，以学校教育实践为平台，以教育理论和教育行为同步提升为目的所展开的相互配合、相互支持的协同活动。表现为高校（以专家个人或团队为代表）进入中小学校，和学校教师干部进行分工，各自承担不同任务，最后共同完成学校实践改进的预定工作并在此过程中形成新的教育知识、完善和拓展理论研究成果。目前，比较常见的 U-S 合作研究实际运作方式包括：（1）高校全面介入中小学发展过程，和学校共同开发设计学校整体发展方案，并参与具体领域的实施指导，帮助学校探索新的办学思想与路径，丰富学校发展的理论与实践；（2）高校以项目学校或课题成员校的名义吸收中小学校参加某一课题或项目研究，中小学校以自身为基础，在高校人员的指导下进行子项目的研究，在完成项目任务的同时实现学校的改革与创新；（3）中小学校出于自身需要独立设立研究课题，聘请高校人员参与研究工作；（4）中小学作为师范院校教师培训基地，开展基于实践的教师教育，在实践中更新教师专业发展内容与路径。

一些学者对于合作（Cooperation）与协作（Collaboration）进行了差异比较，认为"合作"能够完全体现双方的平等性，而"协作"中可能存在强势方和配合方。比如，Hord 认为，合作（Collaboration）意味着参与方分享共同的责任以及共同的基本决策权，协作（Cooperation）则指两个或多个个体和机构拥有独立自主目标，两者达成合作协议，从而保证各自目标的顺利

---

❶ 崔允漷. 基于伙伴关系的学校变革［J］. 当代教育科学，2006（22）：4.

实现。❶ 考虑到本书研究的主旨并不是区分合作过程中双方的地位与关系，而是重在结果的有效性上，并且现实的情况并未都达到理论研究者们理想的情境，过于强调细微的差别不利于实证研究的进行，因此，本书所指合作可用英文 cooperation、collaboration 和 partnership 来解释。

但即使如此，U-S 合作的概念中仍然有一些共同的要素。对于构成 U-S 合作的要素，学者们进行了不同角度的提炼，代表性观点如表 2-1 所示。

表2-1　U-S 合作要素主要观点

学　者	观　　点
古德莱德（Goodlad）❷	1. 伙伴间需要存有不一致性； 2. 目标必须满足双方的各自旨趣； 3. 伙伴必须是无私的，但同时也要致力于满足对方的利益
葛瑞（Gray）❸	1. 合作意味着相互依靠，是一个持续的给予和付出的过程； 2. 合作双方要跳出自己已有的思维定式，考虑对方的意见，共同寻求解难的方法； 3. 合作包含共同的决策； 4. 对于未来的发展方向，大家共享责任； 5. 合作是一个逐渐出现、发展的过程：透过彼此的协商和互动，双方建构未来协作的规范和原则
王建军，黄显华❹	1. 合作双方对于合作目标和远景的共识、价值观念的交流与磨合、角色与权力关系的重构等，不仅是合作的组成部分，亦是保证合作得以成功的关键特质； 2. 合作是平等互惠的，是为了双方的利益，而且这种利益是同时发生的； 3. 合作需要双方的努力与投入

---

❶ Kenneth A, Sirotnik J. Goodlad. School-University Partnership in Action [C]. NY: Teachers College Press, 1988: 38.

❷ Goodlad J I. School-University Partnerships for Educational Renewal: Rationale and Concepts [A]. //Sirotnik, Kenneth A, and Goodlad, J. I. School-University Partnerships in Action: Concepts, Cases, and Concerns [C]. New York: Teacher College Press, 1988: 3-31.

❸ Gray B. Collaborating: Finding Common Ground for Multiparty Problems. San Francisco: Jossey-Bass, 1989: 18-38.

❹ 王建军，黄显华. 教育改革的桥梁：大学与学校伙伴合作的理论与实践（教育政策研讨系列之45）[R]. 香港教育研究所，2001.

基于以上总结得出，高校与中小学形成合作关系的基本要素如下：

（1）各有所长。高校保持理论知识占有、善于系统分析、掌握研究技术等优势；中小学保持实践经验丰富，了解问题情境，能够及时获得直观实验反馈等优势，并且两者之间的优势差难以凭单方力量弥补。

（2）平等互惠。双方在合作中不存在强势弱势之分，没有必然的权威，合作的意义在于同时满足高校与中小学两方的利益，而不是一方为另一方服务，因此合作中既要考虑本方需求，也要兼顾对方期待。

（3）利益共享。虽然合作双方都有自己的利益诉求，但是这种诉求的实现必须建立在共同任务目标完成的基础上。同时，合作研究的成果是新模式下高校与中小学组成的研究共同体的公共成果。

简言之，U-S 合作可被界定为：高校与中小学发挥各自优势，针对学校实际情况开展共同研究工作，研制出新的思路、方法、策略、工具、方案等用以解决具体问题，提升教育质量与效率，获得实践与理论的双重进展，实现高校与中小学双方获益的活动。

二、校本化教育科研的概念阐释

校本（School-based）与外控（External control）相对应，指基于本校实际问题的、指向本校发展的、主要依靠本校力量的一种取向和路径。戴维（David）认为，"学校作为主要决策单位"以及"拥有权作为学校改革的主要条件"[1]是校本的基本特征。郑燕祥进一步认为，以校为本就是要根据学校本身的特性和需要而制订研究和工作，所以，学校的成员（包括校董、校监、校长、教师、家长、学生等）有相当大的自主权和责任承担，为了学校的长远发展，他们运用资源解决面对的问题并有效开展教学活动[2]。郑金洲

---

[1] David J L. Synthesis of research on school-based management [J]. Educational leadership, 1989, 46 (8): 45-53.

[2] 郑燕祥. 学校效能与校本管理：一种发展的机制 [M]. 陈国萍, 译. 上海：上海教育出版社, 2002: 53.

将校本总结为"为了学校、基于学校、在学校中"❶。

本书所指校本化教育科研是指：以中小学领导和教师为主体，以学校教育和管理现象为对象，在学校组织之下，运用科学方法，有目的、有计划地遵循和探索教育规律、改进教育实践的创造性活动。其重要特征表现为：（1）发生在学校内；（2）学校教师发挥主体作用；（3）为解决学校教育教学问题而进行。U-S合作中，无论高校有着怎样的选题和设计，最终都要转化为与每所学校实际情况相吻合的校本课题，以此为平台，发挥学校干部教师的研究主体作用，获得教育教学改进的新认识、新方法，提升育人水平。中小学校本化教育科研与外控型教育科研相对应，后者只是配合高校研究需要被动进行实验或数据提供，学校没有研究的主动权，研究也不是学校发展所必需，学校只需按课题布置的操作方法进行实施，将实施结果相应信息上交，成为高校分析加工形成研究结论的证据。

随着教育科研内容的日益增加，学者们试图建立更为有序的教育科学体系。松岛钧主张将教育科研分为三个领域：一是促进儿童成长发展的指导过程的研究，如教育方法学、教育内容学、学科教育学等；二是确定作为一种社会制度的教育地位时，各种社会条件的研究，如教育制度、教育行政、教育法规、教育经营等学科；三是关于整个教育的基础理论研究，如教育哲学、教学史学、教育社会学、教育心理学等分支❷。村井实主张按理论研究、实证研究、实验研究、历史研究四大领域划分教育科学体系。❸ 我国学者叶澜提出按照三个活动层次（社会、学校、学生）、一种相互关系（理论与实践）、一个学科群（元学科群）的思路构建教育科学内部学科体系❹。张诗雅、王伟廉提出按照基础科学、技术科学、应用科学三层次构建教育科学体

---

❶ 郑金洲. 新课程背景下的教师研究与专业发展［J］. 教育发展研究，2005，7B：46.
❷ ［日］筑波大学教育学研究会. 现代教育学基础［M］. 钟启泉，译. 上海：上海教育出版社，1986，486-487.
❸ ［日］大河内一男，等. 教育学的理论问题［M］. 曲程，等，译. 北京：教育科学出版社，1984：194.
❹ 叶澜. 关于加强教育科学"自我意识"的思考［J］. 华东师范大学学报（教育科学版），1987（3）：13.

系❶。喻立森则提出按照基础研究、应用研究和开发研究的分类划分教育科学结构❷。

教育科研活动可以针对任何层次、领域的教育问题而设立，但这不意味着所有类别的教育科研内容都适合于U-S合作模式。中小学教育科研的优势在于对教育过程中规律与方法的探索，因此，本研究所指教育科学研究的范畴仅指以教育教学以及学校管理等实践变革过程中的方法论、基本理论以及技术应用与开发探索为目的的研究活动，比如学生个案分析的方法、某学科定位、学生评价标准、教学组织方式、能力培养策略、学校发展路径等。其表现形式可以是各级别正式立项课题，也可以是日常具有理性探究性质的研究活动，如专题研讨、教育反思等。在现实情况中，校本化教育科研多以行动研究方式展开。

校本化教育科研既是科学研究大系统中的一个组成部分，同时也是学校为了谋求自身发展而主动进行的组织学习活动，因此校本化教育科研的特点产生于中小学教育管理活动与一般科研活动的交集，也即，校本化教育科研是同时具有"科研"特点的中小学教育管理活动和具有"中小学"特点的科研活动。科学性和实践性是中小学教育科研的两大特点。

科学性决定了中小学的教育科研不是一般的教育管理活动，而是科学研究的过程。从根本意义上讲，科学研究是人类在创新、求真、严谨的科学精神关照下对未知世界探索发现的一个过程。创新、求真、严谨从思维品质和过程掌控两个层面勾画出科学研究的共同准则。就思维品质而言，只有秉持存同求异、实事求是、系统联系的基本立场，才能够在探索世界的认识过程中去伪存真、去粗取精，逐渐深化。从过程掌控来看，只有依据客观现实，循序推导、验证，不断提出新问题、不断找到新方法、不断得出新结论才能推动人类对于世界的新认识。基于上述科学精神，科学研究形成了"发现问题→提出假设→设计方法→搜集资料→验证假设→形成结论"的共同工作模

---

❶ 张诗亚，王伟廉. 教育科学学初探［M］. 成都：四川教育出版社，1990：202.
❷ 喻立森. 教育科学研究通论［M］. 福州：福建教育出版社，2001：28-29.

式。而中小学教育科研正是在同样的科学精神和工作模式下开展活动的。按照规范的工作程序，通过对教育教学实践素材的加工与提炼，寻求对教育规律认识和运用的深化，正是校本化教育科研与一般科学研究的共同之处。

实践性将中小学教育科研与其他教育科学研究相区别，凸显其在特殊研究对象、研究主体、研究过程、研究目的作用下的研究特性。按照联合国教科文组织将研究分为基础研究、应用研究和发展研究。简言之，基础研究回答的是"是什么"，应用研究回答的是"做什么"，而开发研究回答的是"怎么做"。校本化教育科研的最直接目的是解决实践问题，带有强烈的实践性特征，其研究性质属于指向实践的应用研究和发展研究。校本化教育科研的实践性体现在研究的各个环节。

第一，校本化教育科研的选题来自于教育教学实践。在教育教学过程中，教师所面临的问题主要有两大类：一是影响现有教育教学目标实现的问题，例如学困生问题、课堂实效性问题、课程标准的操作性问题、年轻教师的适应问题等；二是提高现有教育教学标准过程中的问题，如校本课程开发、教学特色、学校规划等。对于这些问题现有教育教学理论多数已有相应回答，但鉴于教育现象的复杂性，已有理论在起到揭示一般规律从而指导实践作用的同时，也存在不能结合学校特点、教师个性、学生背景、关键事件等细化情境问题精确预测每一事件、无法直接加以运用的局限，对问题的解决往往过于刚性，因此教师必须结合已有理论和具体情境特点，分析教育问题的突破口，并且通过实效检验所采取方法的可行性。

第二，校本化教育科研过程与教育教学实践相融合。由于校本化教育科研的选题是紧密围绕教育教学实践中的现实问题所提出，因此对问题的研究也只能在教育教学实践中完成，而不可能分出教师工作的"科研部分"和"教育教学部分"。依据中小学教师的工作特点，行动研究、叙事研究、案例研究等成为其常用研究方式，集体听评课、教师论坛等教师业务活动也逐渐被赋予更多研究意味。教师要在教育教学的实际情景中观察学生存在的问题，寻找研究的方向，同样借助于观察探寻自己解决问题方案的落实程度，思考后续研究的努力方向；要在课堂教学等现场场景中借助于访谈探究问题存在的原因，了解事实的真相，掌握翔实可靠的第一手资料；要在师生交往的具体实践行为中进行多方面的调研，力求把握事物的多侧面性，更为真切地洞察教育教学的基本特征和制约因素；要在日常生活实践中记叙自己的教育教学经历，反思自身的言行，分析事实背后的意义，认识教育教学的真谛。上述研究方式与传统的实验法、观察法相比将教师同时置于研究主体和研究客体的双重境地，教师作为教育教学行为主体，在教育教学活动中其表现理应进入教师研究的视野。

第三，校本化教育科研的成果直接体现于实践改进。如前所述，校本化教育科研的直接目的是为现实问题寻找解决之策，因此其成果也应直接体现在问题解决之效果上，表现为教育教学质量的提高，学生的发展、教师的发展、学校的发展，也即科研成果向实际的转化程度。论文的发表、专著的出版、关于教育理论的补充或创建等科研成果虽然代表了更高的学术水平，但并不是校本化教育科研的主要目的。

三、科研绩效的概念阐释

（一）绩效

对于什么是"绩效"（Performance），不同的学者有不同的认识，较有代表性的观点有三类：

第一，绩效是任务预期目标的真实实现结果。该种观点受目标管理理论的影响，关注实践最后的产出是否达到了预期目标的要求，而对于如何获得这样的结果不予过多考虑，旨在调动一切可能的积极、创新因素克服环境障碍，投入对任务目标的追求行动中。

第二，绩效是指向任务目标所实施行为的过程。该种观点是过程管理理论影响下的产物，强调对实现目标的态度、能力、行动的投入，认为"行为的表现"应反映在行为的过程而不是行为的结果中，因为行为的过程是主体的真实表现，而其结果不仅受主体表现的影响而且还受其他因素的影响，因此不能客观反映行为的质量。绩效的行为观体现了工作中对"人"这一主体因素特性的重视。

第三，绩效是指向工作目标的工作行为及其结果的综合体现。该种观点实质上是将绩效过程观作为绩效结果观的扩充，实现了两者的整合。该观点承认绩效就是一种结果或说产出，并认为工作过程本身也是结果或说产出的一部分。

表2-2综合了文献中关于不同绩效观的代表性定义。

表2-2 不同绩效观代表人物及观点

绩效观	代表人物	绩效定义
结果观	Bermardin & Beatty（1994）❶	绩效是在特定时间范围，在特定工作职能、活动或行为上生产出的结果记录
	Kane（1996）❷	绩效是一个人留下的东西，这种东西与目的相对独立存在
行为观	Murphy（1990）❸	绩效是与一个人在其中工作的组织或组织单元的目标有关的一组行为
	Campbell、McCloy、Oppler & Sager（1993）❹	绩效是员工自己控制的与工作目标相关的行为
综合观	Brumbrach（1988）❺	绩效指行为和结果。行为由从事工作的人表现出来，将工作任务付诸实施。（行为）不仅仅是结果的工具，行为本身也是结果，是为完成工作任务所付出的脑力和体力的结果，并且能与结果分开进行判断

---

❶ Bernardin H J. Beatty R W. Performance Appraisal: Assessing Human Behavior at Work [M]. Boston: Kent Publishers, 1984: 45-50.

❷ Michael Armstrong, Angela Baronl. Performance Management [M]. London: The Cromwell Press, 1998: 77-90.

❸ Richard S Williams. Performance Management [M]. London: International Thomson Business Press, 1998: 80-88.

❹ Campbell J P. McCloy R A. Oppler S H, Sager C E. A Theory of Performance [A]. In N. Schmitt & W. C. Borman (Eds.), Personnel Selection in Organizations [C]. San Francisco: Jossey-Bass, 1993: 35-70.

❺ Richard S Williams. Performance Management [M]. London: International Thomson Business Press, 1998: 82-115.

绩效观的不同导致学者们对绩效结构的建构也有所不同，按照绩效表现维度的多少依次有，一维结构：任务绩效；二维结构：任务绩效和关系绩效；三维结构：任务绩效、关系绩效和适应性绩效；多维结构：任务绩效、关系绩效、适应性绩效、学习绩效及创新绩效。

随着研究和实践的推进，对于绩效内涵的比较主流的认识集中综合观上，也即，绩效由"结果"和"行为"两部分决定，行为是实现绩效结果的条件。"绩"侧重于"结果"，而"效"侧重于行为，"行为"与"结果"二者有机结合，形成组织或个人的绩效。

萧鸣政认为，绩效的内涵主要表现为"三效"：①效果（业绩），是目标的达到程度，是否取得成果，取得了多大成果，这是绩效的外显形式；②效率，是投入与产出之间的关系，是一种对资源成本最小化的追求，关心的是取得成果花费的投入大于产出还是小于产出；③效益，是取得的成果给组织和个体带来的经济效益、社会效益与时间效益。绩效分析的"三效"原则缺一不可。此外绩效还具有：①多因性，是指绩效的优劣不是由单一因素决定的，而是受制于主、客观的多种因素；②多维性，是指需要从多种维度、多个方面去进行分析和评价，才能得到绩效的真实评价；③动态性，是指绩效只是一段时间内工作情况的反映，由于激励状态、能力水平以及环境因素的变化，绩效也会相应地发生变化。❶

可以看出，随着研究的深入，绩效的内涵日益复杂化多样化。但是对绩效日渐深入和丰富的理解必须建立在对其概念要点一致性把握的基础上，否则便可能偏离在复杂化和多样化的现象之下。从上述定义可以发现，不同观点虽然各有侧重，但是同时表明了"绩效"概念的价值在于其刻画了工作行为对于实现特定组织目标所产生的积极意义，也即工作行为的有效性。绩效的产生有两个前提性因素，一是明确的工作目标，这是判断行为有效性的依据，将有效和无效行为区分开，任何直接贡献于目标实现的行为才可被视为有效，否则即使工作投入巨大也是无效。二是目的明确的行为，这是绩效的

---

❶ 萧鸣政. 现代绩效考评技术及其应用（第二版）[M]. 北京：北京大学出版社，2007：43.

来源，只有行动与目标实现之间具有较强的因果关系该行动的结果才可作为绩效表征，不排除其他途径也可获得组织目标的实现，但不能视为工作行为的绩效。无论是个人、群体还是组织，只要是实施了以实现组织目标为目的的行为或活动便必然存在相应的绩效，只是绩效在程度上有不同体现。

（二）科研绩效

科学研究绩效是反映一个组织或个体在一定时期内科学研究工作总体水平及其发展能力的指标，是科学研究的产出、成效与影响，可通过科学研究成果的产出、科研管理活动水平高低等因素来体现。一般认为，在科学研究绩效中，"产出"带来"成效"，而"产出"和"成效"带来"影响"。科学研究绩效是一个动态和多维的概念，不仅包括一般评价中所指的"结果、性能"的含义，还应包括整个科学研究管理工作的"执行、作用、过程"，不能只重视初始条件和结果，要重视研究过程；同时也要克服由成本到效益的单纯线性分析的弊端。

至于组织、个体的科学研究绩效与科学研究能力之间的关系，从逻辑上看科学研究能力和科学研究绩效的研究具有同一性，只是研究的角度不同。能力是绩效的内生因素，绩效是能力的外在表现；在一定程度上，科学研究能力决定了科学研究绩效的发挥，而科学研究能力对科学研究绩效的决定作用还要受到环境因素的影响。其关系如图2-1所示❶。

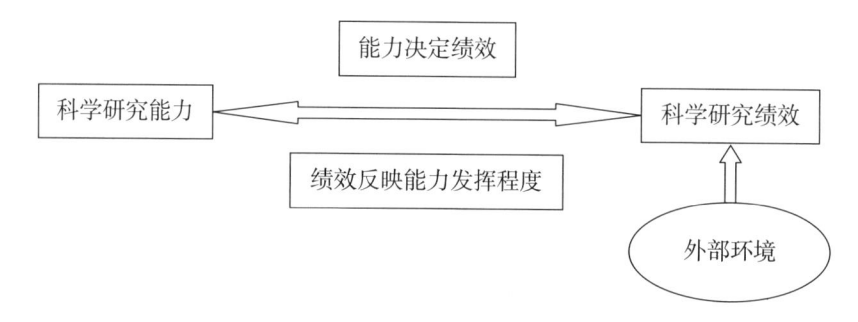

图2-1 科学研究能力与科学研究绩效概念模型

---

❶ 戚勇，李千目. 科学研究绩效评价的理论与方法［M］. 北京：科学出版社，2009：9.

具体到校本化教育科研的绩效，学界目前尚无明确定义，本研究认为其是指学校为实现科研目标而组织开展科研活动的有效性。所谓有效性，根本表现是通过科研活动的系列投入获得教育机构（中小学校）对于教育教学及管理改进认识、实践的提升以及研究能力的增强，其衡量标准为：与预期目标有关的产出多、程度高。

科研的有效性来自于研究主体的设计与实施行为，U-S 合作校本化教育科研的绩效主体是高校专家与学校共同组成的研究共同体，但是研究过程是针对、依靠并且发生在学校中，学校的变化反映着合作研究的效果，因此 U-S 合作校本化教育科研绩效就是对学校实施教育科研及其成效的考察，既不能把专家与学校割裂开，也不能以个别教师的成就代表整个学校的水平。U-S 合作中校本化教育科研的绩效是作为一个组织的学校的整体绩效。学校组织作为主体开展科研活动的有效性不仅体现在活动终了环节，而是各个环节有效性的综合结果，不同科研活动环节其对于实现最终目标的特殊意义有所区别。

第二节　相关研究成果

一、U-S 合作的功能、模式与策略

19 世纪末，杜威在芝加哥大学创建了"大学初等学校"（后更名为芝加哥大学实验学校），大学专家不仅对基础教育教师进行指导，而且提供设备、实验室供儿童参观和使用。同期，哈佛大学校长查尔斯·艾利奥特（Charles Eliot）提出：应成立由大学不同学科的教师和中小学教师共同组成的委员会，深入中小学研究并指导教育教学计划，用以确认相应学科的限度、最优教学方法、最佳课时分配以及学生评价方法。随后这一声明得以实施。20 世纪 80 年代中期以来，北美以及中国内地和中国香港地区出现了大量大学（University）与中小学（School）之间的业务合作实践（简称 U-S 伙伴合作），例

如，美国成立了"专业发展学校"（Professional Development School，PDS）；中国香港中文大学成立了"大学与学校伙伴协作中心"，推出了"伙伴协作计划"（School and University Partnership for Educational Renewal，SUPER）和"优化教学协作计划"（PILT Project）；中国台湾地区有"大学与国民中小学携手合作深耕计划"；上海师范大学师资培训中心成立了"伙伴合作，共同发展"模式；首都师大在国内率先建立了教师发展学校（Teacher Development School，TDS）；2015年北京市教委推出了"教科研机构支持中小学发展"项目群。可以看出，U-S合作正处于方兴未艾之态势。

（一）U-S合作功能研究

U-S合作功能的定位是该主题具有根本性意义的研究，不同的功能认知会直接影响U-S合作的方向，进而导致不同特征合作过程的建构，因此明确U-S合作的功能定位对于后续研究至关重要。

古德莱德（Goodlad）认为大学与中小学的合作是最理想的运用人力资源方法改革学校课程的途径。二者代表着不同文化，合作能够改变各自立场，共同努力发展合作的新模式以便改善教育质量。❶

进入20世纪90年代后，U-S合作逐渐成为教师专业发展的有效方式。比如，富兰（Fullan）认为教师要获得连续的发展，必须通过大学与中小学的合作来支持。❷

近年来，学者们对于U-S合作功能的认识又发生了深化和拓展。

卢乃桂等人提出，院校协作既是一种改革的手段，同时也是改革内容的一部分。进而他们分析了U-S合作对于学校改进的功能，包括正向的显性功能，如增强学校变革的意识和能量、促进学校的整体改进、提升教师的专业发展以及推动学校改进研究的进展；正向的隐性功能，如增强学校之间的联系、增进不同学科教师之间的理解；负向的显性功能，如使改进"无所适

---

❶ Goodlad J I. School-University Partnerships for Educational Renewal：Rationale and Concepts [A]. //Sirotnik, Kenneth A, and Goodlad, J. I. School-University Partnerships in Action：Concepts, Cases, and Concerns [C]. New York：Teacher College Press, 1988：3.

❷ Fullan et al. The Learning Consortium：A School-University Partnership Program [J]. An Introduction. School Effectiveness and School Improvement, 1995, 6 (3)：187-191.

从"、影响双方参与改进的积极性、工作时间不一致导致的步伐减缓；负向的隐性功能，如教师形成心理依赖、造成贴标签效应。

诺瑞斯等（Norris，Starrifield & Hartwell）分别从学校、教师和大学三个层面梳理了 U-S 合作的功能。他们认为，学校在合作中的受益是：能够创立崭新的教学计划方案；能根据研究结果去发展学生或家长服务计划；能够鉴别学校需要改善的地方；能够修改教学计划方案；利用教育研究结果去做决策；使教师投入参与课堂经验研究等。教师个人在合作中的受益是：学习改良决策技术；学习解决困难的技巧；学习有效的沟通能力；有机会在公共场合发表专业意见，提升专业形象；有机会与专业人员接触发展人际智慧。大学在合作中的受益是：提供检讨课程的资料；发展研究中心，提供顾问服务；改善教师培训课程；测试解决中小学面对困难的方案等。

可以看出，U-S 合作的功能从服务教师专业发展逐渐拓展到服务多主体乃至服务教育发展，从作为教育改革的手段与工具论转变到教育改革的目的与本体论。对 U-S 合作功能认识的转向不仅为该领域实践创造了新的可能空间，也提出了更新、更高的要求，相应地，后续研究也要从关于功能、意义、结构的一般性研究转向更为细化合作领域、合作功能的专项研究。

（二）U-S 合作模式研究

不同研究者对 U-S 合作提出了不同的分类方法，分类所依据的角度各不相同，大致包括组织角度、过程角度、程度角度、取向角度、程序角度等，这些分类从不同侧面揭示了 U-S 合作的运行方式。较有代表性的模式分类包括：

戴（Day）将合作划分为三种取向：意识形态取向（Ideological）——强调大学和中小学基于理念志趣相同而结为伙伴，共同研究教育教学策略，并对研究成果进行运用与推广；研究知识生产取向（Generative）——强调从实验里产生出要学习的知识；能力建设趋向（Capacity building）——强调中小学教师通过与大学人员的长时间的持续互动增强专业能力和自信。他还提出四类与教师建立学习伙伴的方式：顾客为中心的学位课程、非评审的在职课程、合作式的行动研究、伙伴式的顾问服务。❶ 路斯·拉维特（Ruth Ravid）和马里安·汉特（Marianne G Handler）从更加细化的关系结构出发，将 U-S 合作划分为四种模式：教师专业发展学校模式（PDS model）、商谈模式（Consultation model）、"一对一"模式（One-to-one collaboration model）以及伞形模式（Unbrella model）。❷

比奥特（Biott）将合作分为两类：一种是实施性（Implementation）合作——在中小学教育教学能力不足的假设下，由大学研究者带入新的教育理念或技术，作为资源输入对中小学教师进行培训，尤其在教育教学中实施，两者是单向传递的关系；另一种是发展性伙伴关系（Development partnership）合作——在大学理论知识与中小学专业工艺知识（Professional craft knowledge）同样重要的假设下，双方针对共同的问题从不同角度探讨问题成因和解决方法，形成研究合力。❸

托什奈特（Tushnet）根据合作组织间的关系水平将 U-S 合作划分为"初级伙伴/有限协作"（Primary partner/limited partnerships）、协作伙伴（Coalition partnerships）以及合作伙伴（Collaborative partnerships）三种类型。❹ 与此类似，威特福德（Whitford）也将合作分为协同合伙（Cooperative collaboration）、共生合伙（Symbiotic cooperation）以及有机合伙（Organic collaboration）。❺

波·达林认为大学—中小学校合作方式存在技术、政治和文化三种取向。这种取向把教学和变革过程视为一种技术，通过教材和教法的改革以及新技术的引进来提高教学效果。政治取向主张以权力、权威和竞争的利益等

---

❶ Day C. (1998). Developing Teacher: The Challenges of Lifelong Learning. London: Falmer Press. 转引自杨朝晖. "U-S" 伙伴合作关系问题研究述评 [J]. 首都师范大学学报（社会科学版），2009（3）: 79-80.

❷ 丁钢. 同侪互助：教学创新的内在动力 [J]. 课程与教学（台南），2003（2）: 1-9，转引自伍红林. 国外合作教育研究的研究综述 [J]. 淮阴市师范学院学报（哲学社会科学版），2010（3）: 414.

❸ Biott C. Imposed Support for Teacher's Learning: Implementation or Development Partnerships? In: Working and Learning Together for Change [M]. Buckinggham: Open University Press, 1992: 3-18.

❹ Tushnet N C A. Guide to Developing Educational Partnerships [M]. Washington DC: Office of Educational Research and Improvement, 1993: 140-153.

❺ 赵玉丹. 大学与中小学伙伴合作：国外研究的现状与述评 [J]. 内蒙古师范大学学报（教育科学版），2007（3）: 32.

概念去理解教育变革。根据政治取向，成功的伙伴取决于伙伴双方拥有的权力以及相互信任和相互依赖的利益等。文化取向认为，变革过程出现的冲突和误解是由于大学与学校拥有的不同文化背景和矛盾而引起的，因此强调大学文化与学校文化的融合。❶ 李子健、卢乃桂等人也提出了相同观点。❷

马云鹏、谢翌认为U-S合作有"理论先行，实践验证与推广""实践探索，总结提升""理论与实践互动"三种模式。❸

王少非、崔允漷提出了U-S合作关系的分析框架，从发起向度、关系向度和任务向度三维建立分析指标，其中发起向度包括大学发起、中小学发起、联合发起；关系向度包括指导、合作、建议；任务向度包括多任务、单一任务、无任务。❹

吴康宁从理想类型的角度，将U-S合作划分为三种基本类型：利益联合型、智慧互补型和文化融合型，并从合作动机、地位认识、身份界定、角色关系、关注重心、行动过程、力量投入、自身体验、评价内容和使用理论等十个维度对上述类型的特征和差异进行了分析。❺

应该说，各种分类方法从理论上揭示了U-S合作的推进特征，但实际上随着U-S实践的逐渐深入和普及，类型的边界已经渐显模糊，多动因、多目标、多功能、多举措的同时作用更为彰显。

（三）U-S合作策略研究

尽管U-S合作在理论得到了广泛认同，但在实际推进中却也存在现实阻碍，很多学者对此进行了研究，试图提炼更为有效的合作策略。

---

❶ [挪威] 波·达林. 理论与实践：国际视野中的学校发展 [M]. 范国睿，主译. 北京：教育科学出版社，2002：113-119.

❷ 李子建，卢乃桂. 教育变革中的学校——大学伙伴关系：范式的观点 [A]. 李子建编著. 课程、教学与学校改革——新世纪的教育发展 [C]. 香港中文大学出版社，2002. 转引自杨朝晖. "U-S"伙伴合作关系问题研究述评 [J]. 首都师范大学学报（社会科学版），2009（3）：80.

❸ 马云鹏，谢翌. 优质学校建构的取向、模式与策略 [J]. 东北师范大学学报（哲学社会科学版），2004（3）：127-129.

❹ 王少非，崔允漷. 大学—中小学伙伴关系：一种分析框架 [J]. 全球教育展望，2005（3）：36-37.

❺ 吴康宁. 从利益联和到文化融合：走向大学与中小学的深度合作 [J]. 南京师范大学学报（社会科学版），2010（3）：5-10.

对于 U-S 合作中的制约因素，学者们作出了多种提炼：

伊丽莎白·赫斯·赖斯（Elizabeth Hess Rice）在案例研究基础上提出 U-S 合作的困境出现在情境景、结构、过程和关系四个维度上。情景维度包括：合作双方的不情愿、合作双方先前态度影响、资金运转困难；结构维度包括：管理缺少正规性、合作双方地位不平等、校长的重要性；过程维度主要指信息沟通不畅；关系维度包括：结构内部压力、合作双方的目标冲突、先入为主的怀疑态度、核心人物的重要性、非正式会议的重要性。❶

沙龙·P.罗宾逊（Sharon P.Robinson）认为存在于合作之中最主要的困境来自于文化的不同。❷

布利克纳（Brickner）提出阻碍合作实践成功的一级和二级障碍。一级障碍主要是指中小学教师的外在因素，如没有足够的时间准备教学，没有足够的技术行政支援，不能充分利用电脑或其他设施等；二级障碍则主要是教师的内在因素，如有关教学的信念、固有的课堂教学实践，以及抗拒改革的取向等。❸

金忠鸣、林炊利将大学—中小学合作变革的潜在冲突归纳为：①价值冲突，包括关注焦点不同、专注程度不同；②话语冲突，包括话语权冲突、话语体系冲突、隐性知识表达困难；③功能冲突、标准冲突。许超认为大学和中小学合作中存在参与权、话语权、决策权三方面的权利冲突。❹

宋敏从中小学校长、中小学教师、大学人员、资金时间信息制度保障四方面反思了大学和中小学合作中的问题。❺

陈振华、程家福提出对 U-S 合作的多重价值认识不足、U-S 合作中双方关系不平等、U-S 合作层次较低、U-S 合作保障措施乏力等原因导致了 U-S

---

❶ 赵立芹. 美国专业发展学校中的"合作问题"[J]. 比较教育研究，2004（10）：17-20.

❷ 赵玉丹. 校本教研中"大学—小学合作研究"的理论基础与实践[D]. 沈阳：辽宁师范大学，2007：3.

❸ Peggy, A Ertmer and Hruskocy, Carole. Impacts of a University-elementary School Partnership Designed to Support Technology Integration [J]. Educational Technology Research and Development, 1999, 47 (1): 81-96.

❹ 金忠明，林炊利. 大学—中小学合作变革的潜在冲突[J]. 上海教育科研，2006（6）：13-16.

❺ 宋敏. 大学与中小学合作研究现状、问题及思考[D]. 北京：首都师范大学，2005：15-23.

合作深度不够，效益不高，未达到预期目标，甚至出现一些合作始终滞留于表面文章，热衷于形式包装等问题。[1]

目前大学与中小学合作研究中最有实践指导价值的成果在于合作机制的有效建立以及合作策略的提出。

富兰（Fullan）将保障成功合作的条件归纳为6个：①背景（context）；②理据（rationale），确保大学与中小学的目标是适宜的，而且有成功合作的基础；③投入（commitment），合作双方都投入时间、金钱和人力；④结构（structure），确立交流、决策、解决异议等的机制和程序；⑤焦点（focus），发展双方共享的远景，并使计划足够具体以凝聚参与各方，但又保持独立性和创造性；⑥过程（process）发展积极的人际和专业关系。[2]

斯蒂文斯（Stevens）、斯莱顿（Slaton）和贝妮（Bunney）从自身参与项目过程中提取了经验：①高水平组织性，尤其在时间和资料方面；②清晰界定参与成员的角色和责任；③合作成员之间的经常性的交流；④保持参与的自愿性；⑤对于客观原因造成的时间安排困难要持现实期望；⑥合作成员之间要有强烈的同志式友爱（strong sense of camaraderie）。[3]

牛瑞雪认为大学与中小学走出合作困境的策略是：建立共同的合作目标；参与者角色入位；建立必要的机制与文化。[4]

赵玉丹则提出确保大学与中小学合作的对策是走文化融合之路，建立制度保障。[5]

李翠莲从文化重构、权利共享、建立沟通平台、选择领导者、激励机制和评价机制6个方面提出促进合作的策略。[6]

---

[1] 陈振华，程家福. 论U-S合作长效机制的构建[J]. 教育发展研究，2013（4）：55-56.
[2] Fullan et al. The Learning Consortium：A School-University Partnership Program[J]. An Introduction. School Effectiveness and School Improvement，1995，6（3）：187-191.
[3] Steven K B, Slaton D B, Bunnney S A. Collaborative Reseach Effort Between Public School and University Ffaculty Members[J]. Teacher Education and Special Education，1992，15（1）：1-8.
[4] 牛瑞雪. 行动研究为什么搁浅了[J]. 课程·教材·教法，2006（2）：73-75.
[5] 赵玉丹. 校本教研中"大学—小学合作研究"的理论基础与实践[D]. 沈阳：辽宁师范大学，2007：40.
[6] 李翠莲. 大学与中小学合作的困境及其策略选择——以美国教师专业发展学校为个案[D]. 北京：首都师范大学，2008：21-28.

蔡春、张景斌认为构建有效的U-S合作体,首先要建立前提性的、本质层面而非技术层面的共识;同时要养成研究的态度、让理论与实践互相接近、进行真诚的质疑与讨论,以此实现学术文化与工作文化的融通;强化中小学教师对专业建设与学科发展的责任与贡献;还要建立U-S双方成员的亲密感。❶

陈振华、程家福提出通过形成价值共识、培育平等的伙伴关系、健全保障机制、建构科学的绩效评估体系来建立U-S合作的长效机制,他们甚至制定了基于优质资源生成的U-S合作绩效评价表,从优质教师资源生成、优质教育环境生成、优质教材开发三方面对U-S合作绩效进行考评,其中,优质教师资源生成指对教师学科、教育和实践等专业知识的促进作用;优质教育环境指对学校制度、教师行为习惯、学校精神氛围等人文环境资源的重建作用;优质教材开发指对教师理解和使用教材的帮助作用以及对教师开发校本教材的指导作用。评价采用等级评分方式,做到多主体评价。❷

可见,虽然国内外在促进U-S合作策略上因各自国情、教育发展状况等现实因素而各有侧重,但基本都是围绕人、财、物、制度、文化几个方面所展开的,以人为核心的专业层面以及文化层面建设是策略的重点指向。

二、校本化教育科研的本质、目标与评价

学者们在研究中多数采用"中小学教育科研"这一提法,但与本研究所述"校本化教育科研"内涵一致,因此综述时未作字面统一处理。明确地以"绩效"为主题对中小学教育科研所进行的研究极少。但如前所述,绩效是包括组织内行动目标及其实现情况的综合构念,因此,关于校本化教育科研本质、功能的研究,关于校本化教育科研主要途径、制约因素、问题与改进建议的研究,关于校本化教育科研工作评价的研究等实际上都与绩效研究密切相关,是对绩效及其相关因素不同角度的反映。已有文献主要集中在以下问题和观点之上:

---

❶ 蔡春,张景斌. 论U-S教师教育共同体[J]. 教育科学研究,2010(12):46-48.
❷ 陈振华,程家福. 论U-S合作长效机制的构建[J]. 教育发展研究,2013(4):57-58.

(一) 校本化教育科研本质之争

从文献来看，学者们关于校本化教育科研的本质特征存在着两派意见。

科学派强调教育研究活动的科学性本质特征，认为"教育科学研究必须遵循科学研究的一般规律"❶，特别是对研究结果的普适性有较高要求，另外也强调中小学教育科研对于常规科研范式的遵守，将科研视为追寻教育真理的活动。如"何谓中小学教育科研？就是指广大中小学教师和专业研究人员，以马克思主义的基本观点为指导，以教育科学的基础理论为武器，用科学的态度和方法来研究中小学的教育教学工作，研究教育对象，总结经验教训，从中探索具有普遍指导意义的教育教学规律。"❷ "中小学教育科研是探索中小学教育教学规律的活动。"❸ "教育科学是反映教育客观规律的知识体系，是一种运用科学方法，有目的、有计划地探索教育规律的创造性的认识活动。学校教育科研也是如此。"❹

但随着人文社会科学的不断发展，特别是质性研究范式以其独特的探索和解释功能获得更多认可和使用后，学者们对校本化教育科研本质属性的认识也发生了一些变化，出现了以强调教师探索变革行为为科研本质的"反思改进派"。主要表现为更加关注教育研究的情境性特征，强调教师主动、理性的探索行动及行动现实意义。特别是为了推动教师朝向专业化方向发展，一定程度将研究与科学研究相等同，弱化了对研究结果普适性的要求，认为教师和管理者针对各自工作进行的一切有目的的探索、思考和改进尝试都是教育科研，如："教师进行的研究主要应是一种特定的'教育教学研究'，是对自己的教育教学进行反思和探究，其目的是力图使自己的工作更加符合教育规律、符合学生的发展特点和要求，以更有效的教育教学方式使学生获得更好的发展。"❺ "教育科学研究本质上是追求更为合理的教育教学实践的过程，旨在使教师获得知识的解放、智慧的启蒙和心灵的自由，增强教学

---

❶ 曾天山. 教育科研的视野与方向 [M]. 北京：教育科学出版社，2008：125.
❷ 骆泽民. 试论中小学教育科研的价值基础和方法 [J]. 上海教育科研，1983（1）：26.
❸ 宗树兴. 论中小学教育科研目标的全面实现 [J]. 中国教育学刊，2002（6）：5.
❹ 潘国青. 中小学教师能否"探索教育规律" [J]. 上海教育科研，2010（7）：26.
❺ 罗才荣. 论中小学教师教育科研的价值取向 [J]. 教学与管理，2007（12）：46.

实践能力和自我超越的内在力量。"❶ "对中小学来说，教育科研就是教师学习、反思、成长、发展的同义词，它是'以解决问题为目标的诊断性研究及教师对自身教育实践情境和经验所做的多视角、多层次的分析和反省'，在根本上也是对中小学教育实践的一种省察与反思。"❷ "校本教育科研实际上是把学校的工作过程变成一种研究的过程，把教师的实践对象变成一种研究对象。是以学校自身条件为基础，以学校校长、教师为主力军，对学校现实存在的问题而开展的有计划的研究活动"。❸

面对中小学科研是否"科学"的问题，潘国青尖锐指出："我们不能认同把一般性的工作研究等同于科学研究的观点和教育科研的泛化倾向。'泛化'的实质是贬低教育科学研究，泛化的倾向很可能产生对学校教育科研的误导，导致学校教育科研的低水平重复、徘徊不前，而真正的科学研究则有被忽视、被边缘化、被异化的危险，从而也就会阻碍教师的专业发展和学校教育的创新进步。这无论对专家学者，对真正投入教育科研的校长和教师来说，都是一种伤害。"❹

校本化教育科研的"真理性"与"实用性"之争是不同科学哲学思想在教育科研上的集中表现。"科学派"坚持着逻辑实证主义者关于科学的划界标准，认为科学与非科学存在客观的区分标准，而这一标准在校本化教育科研更多表现为追求研究结论尽可能大的可证实性积累以及解释范围。"反思改进派"实际上秉持了科学历史主义消解科学划界标准的思想，从"问题解决"的实用性角度来审视科研行为。科学研究的历史已经表明，简单的经验实证的标准并非面对一切研究对象都有效力，但诸如"怎么都行"的无政府主义也无助科学的理性发展。校本化教育科研的真理性与实用性并不对立，作为应用性和发展性研究，校本化教育科研应在通过明确界定适用条件和范围的基础上通过经验证实理论和方法对于解决问题的效力，同时在科学

---

❶ 张华. 中小学教育科学研究的价值重构［J］. 教学与管理，2007（3）：31.
❷ 刘尧，冯洁. 中小学为何要开展教育科研［J］. 现代教育科学，2003（4）：32.
❸ 王云峰. 中小学应搞什么样的科研［J］. 上海教育科研，2003（5）：12.
❹ 潘国青. 中小学教师能否"探索教育规律"［J］. 上海教育科研，2010（7）：27.

研究过程中提高领导教师这一研究共同体的科学探究能力。校本化教育科研的本质是在实践中通过深化对教育、教学、管理规律的认识优化教育、教学、管理实践的科学探究活动。

(二) 校本化教育科研多元化目标指向

从已有文献看，虽然学者们对校本化教育科研实践性的特点有着较为一致的认识，但对其现实的目标指向却有不同认识，大致可归为四类：

第一，外部条件适应指向。

此种指向出现于20世纪80年代左右，强调通过科研使学校更好适应外部社会变革的要求。例如，要"正确追踪改革热点；重视实践，切合教育改革的实际要求；认真进行教育科研成果的反思"。❶

第二，问题解决指向。

此种指向将教育科研的受益者确定为学校，认为教育科研的根本目的是为本校的发展服务，要"解决学校实际问题；提升教师教育教学水平；促进学校的持续发展"❷。罗荣才提出，"中小学教育科研要解决两类问题：一是探索性的问题，就是把教育理念、教育观念、教育成果转化为具体实践活动所遇到的问题。二是反思性的问题，这是善于发现问题、思考问题的教师为改进自己的教学方法，提高教学效率所发现的问题。教育科研虽然把解决问题作为重点，但不仅限于问题的解决，最终的目的是通过问题的解决进一步加强理论上的学习和探索，从而总结出带有一定的启发性和规律性的东西，再用理论引领自己的研究。"❸ 张华认为，"中小学教师进行教育科学研究，不同于专业研究者，不是为了就教育的本质、功能和规律，在教育理论方面提出新学说、新观点和新方法，而是一种应用研究和开发研究，旨在解决教育教学过程中的实际问题，并在这一过程中利用基础研究的成果，创造性地提出和制定可操作的方案、计划、对策和建议等。"❹

---

❶ 刘俊纯. 提高教育科研绩效：面向今天的教育改革 [J]. 现代教育论丛, 1999 (1)：55-56.
❷ 郑金洲. 改进实践：中小学教育科研的指向 [J]. 人民教育, 2004 (1)：38-39.
❸ 罗才荣. 论中小学教师教育科研的价值取向 [J]. 教学与管理, 2007 (12)：47.
❹ 张华. 中小学教育科学研究的价值重构 [J]. 教学与管理, 2007 (3)：31.

第三，教师发展指向。

刘尧认为，"教育科学普及的根本目标还在于使教育工作者能够用教育科学的思想和方法看待和处理教育实践中的各种问题"。❶ 中小学教育科研不是对教育真理的发现和积累，而是教师情感意识的深度"唤醒"；它不是对教育规律的求证和确认，而是对教育实践和教育意义的深刻体验和理解；它不是要在研究中获得"是什么"的教育科学知识，而是要获得"如何做"的教育实践智慧；研究的终极目标不是学术化的成果，而是教育问题的解决和教育行为的完善与改进。❷

第四，理论发展指向。

李学农认为中小学教育科研能够发挥从教育理论到实践的沟通作用，即"创造性地运用理论的环节""这一特殊的环节必需、也只有中小学教育实践者才能承担。"❸ 王云峰也提出，"仅把校本科研的目的、功能定位于解决学校自身问题，则显得过于狭窄。……除此之外，校本科研还具有发展教育学的功能"。❹

综上所见，校本化教育科研承载着多元化的目标指向。宗树兴将这多元化的目标体系总结为3个层次：①（教育）学科发展——基础目标和直接目标；②培训教师——间接目标；③提高教育质量——最终目标。❺

校本化教育科研的目标直接关系着科研绩效的评定导向。由于中小学不是专门的科研机构，其承担的社会职能是实施教育和管理活动，因此其开展教育科研的目的首先必然服从于实施教育和管理活动这一组织职能，表现为实践层面的改进；但是任何领域的研究活动积累、竞争的最终结果必定是促进了对该领域基本认识的深化；而连接实践改进与学科理论发展之间的桥梁则是研究和实践主体的变化，也即教师教育和研究能力的提升。校本化教育科研是一个具有多重目标指向的实践活动，但是这些目标并非简单排列，而

---

❶ 刘尧. 中小学"科研兴校"论纲［J］. 辽宁教育研究，2001（3）：55.
❷ 刘尧，冯喆. 中小学为何要开展教育科研［J］. 现代教育科学，2003（4）：32.
❸ 李学农. 中小学科研的定位问题［J］. 教育评论，1998（4）：18-19.
❹ 王云峰. 中小学应搞什么样的科研［J］. 上海教育科研，2003（5）：13-14.
❺ 宗树兴. 论中小学教育科研目标的全面实现［J］. 中国教育学刊，2002（6）：5-6.

是具有一定的结构关系，这些目标的具体化指标以及指标间的结构关系便形成了科研的绩效特征。

(三) 对校本化教育科研评价的初步探索

对中小学教育科研评价的系统研究并不多见。现有文献中，仅有北京市教育科学"十五"规划课题"中小学校教育科研工作评价的研究"成果《中小学教育科研工作评价》从学校科研管理的角度完整研究了中小学教育科研的评价。该研究将学校科研分为组织机构、保障机制、课题研究、成果推广、信息档案、成效考评6个一级指标，然后逐级分解出13个二级指标，29个三级指标，从而构成了整套评价体系。同时，对于如何设定指标权重、如何制定评价标准、如何进实施评价和分析结果等都作了较为明确的回答。

此外，还有其他学者不同程度提到了中小学科研评价的原则和标准。如罗才荣提出了"从'小处'入手，从普及出发，从实际出发，从发展着眼"❶的评价原则。宗树兴提出了"把握教育科研的规范性，增强教育科研实效；普及教育科学知识，提高教育科研者的素质；注意积累和总结；善于处理教学与科研的关系"❷的评价原则。刘尧提出了"理论与实践的结合；工作与研究的结合；研究成果与工作成绩的结合；长与短的结合；分散与集中的结合"❸的评价导向。虽然目前学者们没有明确对中小学科研绩效评价提出相关标准，但是对中小学教育是否具备科研特性却有一些认识。例如，"教育问题要成为教育科研课题，必须具备意义性、明确性、创新性、可行性四点特征。"❹"中小学教师教育科研同其他科研一样，都要具备自觉性、组织性、系统性、客观性、继承性、创造性和探索性等特点，同样由3个基本要素组成，即客观事实、科学理论和方法技术。"❺

上述研究从不同方面体现了对校本化教育科研的价值判断与选择标准，然而这些标准更多是一种原则性导向，而非具体指标，据可实践的操作性还

---

❶ 罗才荣. 论中小学教师教育科研的价值取向 [J]. 教学与管理, 2007 (12): 47.
❷ 宗树兴. 论中小学教育科研目标的全面实现 [J]. 中国教育学刊, 2002 (6): 5.
❸ 刘尧. 中小学"科研兴校"论纲 [J]. 辽宁教育研究, 2001 (3): 55.
❹ 刘本剑. 中小学教师教育科研课题选择问题探析 [J]. 江西教育科研, 2006 (10): 51.
❺ 曾天山. 教育科研的视野与方向 [M]. 北京: 教育科学出版社, 2008: 154-158.

有一定差距。相比之下，北京市教育科学"十五"规划课题"中小学校教育科研工作评价的研究"提出的学校科研工作评价指标体系较为具体，但是该指标更加侧重于科研管理工作过程的程序完备性，仅将科研成效作为科研管理过程的终了部分，而不是评价每步科研管理工作的效果。事实上，形式相同的工作其产生的效果未必相同，绩效是对于工作投入产出关系的研究，不可割裂产出单以投入判断成效，只有带来效果的投入才是有效的投入。

三、科研绩效评价的方法、指标与问题

科研绩效评价在高等教育领域备受关注，校本化教育科研作为新型科研模式，与高校科研虽有不同但也存在相通之处，因此梳理前期高校科研绩效评价方面的相关研究对于后续开展校本化教育科研绩效评价研究具有启示借鉴意义。文献显示，目前高校关于科研绩效评价的研究主要集中在以下几方面：

（一）科研绩效评价方法

通过对大量文献所采用评价方式进行归纳，可看出，高校科研绩效评价主要采取两大类方法。第一类，定性评价方法，主要包括同行评议、维度测评和德尔菲法。第二类，定量分析法。包括文献计量分析法、主成分分析法、层次分析法、人工神经网络法、数据包络分析法、灰色决策评价法、模糊综合评判法、平衡计分卡法等。现有研究一方面积极将上述评价方法运用于评价实践；另一方面也针对各种方法的有限性提出了质疑，并且探索调整和改造的途径，各种评价模型被不断更新。上述方法模型各有所长，也各有不足，何种方法更适合评价校本化教育科研绩效还有待依据对校本化教育科研绩效特征深入了解后作出判断。

（二）人文社科科研绩效指标选取

由于中小学所开展的校本化教育科研属人文社科类研究，故对高校人文社科类科研绩效指标研究情况进行了专题梳理。从国外经验来看，虽然各国在具体标准上有所不同，但基本都是从研究成果的数量、质量、影响（对其他研究者或知识进步），以及产生的技术、经济或社会效益4个方面来进行评价，而成果质量第一的原则是各国的共同标准。卜卫在其专著《社会科学成果价值评

估》中选用刊物等级、学术奖励、同行引用、社会报道和评价、课题来源等直接指标作为人文社科科研成果的评价标准。❶叶蓬认为人文社会科学成果的量化评估,关键在于学术价值和社会价值、学术研究的科学性和逻辑性、学术研究的难度、学术研究的创新性、解决问题的完备性等指标的确定。❷蔡曙山认为,代表性学术成果就是能够反映该学科领域学术水平和学术地位的成果。❸这些指标对于评价校本化教育科研的成果具有一定的借鉴价值,特别是关于科研成果问题解决能力和社会效益指标的重视更值得高度关注。

(三) 科研绩效评价的反思与改进

一些学者针对目前科研绩效评价存在的问题提出了反思与改进建议。朱文辉指出了量化评价方式的弊端:违背了科学研究活动的一般规律,是学术道德水平滑落、学术价值遭贬低的诱因,对教学水平的提高造成冲击,科研活动成了追求名利的利器,行政级别决定成果大小,得不偿失的财务支出造成浪费严重。❹吴晓春,贾丹在对高校现有学术腐败进行科技伦理反思后提出,科研成果评价应遵循质量先于数量的原则。科研成果质量在创新性品质和总结性品质中至少占有其一。❺王梅从生态学的视角提出以扁平的组织结构和完善的管理制度为保障,以全面、开放、延续和激励为原则,以协同力指标、层次型指标、相对型指标为具体内容的生态型高校科研绩效评价指标体系构建的思路。❻齐晶晶提出,人文社会科学教师科研成果的评价涉及价值判断、时间判断和性质判断,很多无法量化,这决定了对同行评审的公正性和有效性虽然还存在争议,但是其在教师科研绩效评价中的权重会逐渐加大。建立和完善同行评审机制已经成为人文社会科学教师绩效评价的一种趋

---

❶ 卜卫,等. 社会科学成果的价值评估 [M]. 北京:社会科学文献出版社,1999:142-146.
❷ 叶蓬. 人文社会科学研究成果评估指标体系分析 [J]. 探求,2001 (1):60-63.
❸ 蔡曙山. 代表性学术成果是哲学社会科学评价的重要指标 [J]. 中国高等教育,2004 (8):38-40.
❹ 朱文辉. 高校科研评价制度量化之得失 [J]. 沈阳师范大学学报 (自然科学版),2000 (3) 89-90.
❺ 吴晓春,贾丹. 高校学术腐败的科技伦理反思 [J]. 南京理工大学学报 (社会科学版),2006 (3) 77-78.
❻ 王梅. 高校生态型科研绩效评价指标体系研究 [J]. 当代教育论坛,2010 (12):60.

势，如何规范管理同行评审，并将其与 CSSCI 等量化指标更好结合，是目前亟须解决的难题。❶ 这些质疑对于把握校本化教育科研绩效评定方向，避免绩效评价进入机械客观化误区提供了有益启示。

四、已有研究局限

通过对相关文献的梳理可以看出，在高校的推动下，中小学校正在积极参与教育科研，高校与中小学合作研究的意义与机制正在被关注，如何发挥双方优势，在合作中获得双赢成为研究者的焦点。但是，教育科研作为一种特殊的科研方式，其本身的绩效评价方式就不够成熟，加之中小学校这一特殊主体参与教育研究，如何评价其绩效更没有权威标准，甚至相关研究都比较少见。与轰轰烈烈的工作推进相比，深入、细致、科学的理论研究成果明显不足。主要表现为：

第一，对于 U-S 合作的研究多处于理论探讨层面，从哲学、教育学角度论述合作的意义、类型、影响因素等，更多从文化融合角度关注如何形成良好的合作关系。涉及合作成效的研究不多，在少量涉及成效的研究中，多数对成效的表达以抽象性描述为主，不易找到实践操作的指标；另有少数确实涉及指标的研究，但是其指标扩展到学生发展、课程建设、教师成长等学校工作的具体方面，虽然 U-S 合作确实可能对上述方面起到促进作用，但并不是科研的直接效果，而是间接影响，不仅具有显效的滞后性，也不能证明科研是其改善的原因。从另一角度说，高校与中小学的合作未必是全方位的，其共同开展教育科研，重点应在与对学校研发能力的提升上，而不是直接转化为教育教学的成效。

第二，缺乏对校本化教育科研绩效整体框架研究。绩效是包括各步工作目的实现情况的多结构构念，学校的教育科研绩效也是对学校科研能力的整体反映，不仅体现在课题的直接成果上，也要体现在科研过程的有效性上。目前虽有不少文献涉及校本化教育科研成效及其问题成因等内容，但多是从

---

❶ 齐晶晶. 浅析我国高校人文社会科学教师科研绩效评价的变革［J］. 现代教育科学，2009（6）：142-144.

单项绩效结构角度，比如课题直接成果、论文质量、教师态度等角度进行的研究，几乎没有研究系统地建构出校本化教育科研绩效的完整框架。

第三，对于与 U-S 合作中校本化教育科研绩效相关因素间影响作用的研究有限。无论是仅仅对于校本化教育科研还是对于 U-S 合作中的教育科研，现有成果都未能对其影响因素做进一步的分类细化研究，因素研究缺少量化实证，有依据的质性分析也明显不足，科学归因并没有引起研究者们的关注。只有细化的分类研究才能更有针对性地帮助学校找到提升科研绩效的突破点。

第四，对校本化教育科研绩效评价的操作过于简单。目前，为数不多的校本化教育科研绩效评价方式无外乎是简单的成果统计或者量化赋值评分。但是，简单的成果统计不能完全反映学校的科研水平，而许多科研过程指标也难以量化，因而需要有更为合理的评价模型介入。高校科研绩效评价研究成果虽有一定的启示和借鉴作用，但由于两类学校开展科研的目的、任务在现实中有所差别，无法简单移植，必须另行开发。

第五，忽视了科研主体对科研绩效的自我评价。对于科研所产生的实际效果，教师是最直接的感受者，但是目前研究和实践中都没有关注教师对学校科研的评价意见。外部评价受到信息限制，很难触及学校科研工作的根本问题。

第三章
Chapter three

U-S合作中校本化教育科研绩效的产生机理与特性分析

U-S合作中，高校专家与学校领导、教师组成研究共同体，共同在学校现场开展基于学校实际问题的研究，力求通过数据分析和变革实验寻找到解决问题的方法，从而获得教育方法的改进、实现教育质量的提高、创生更多教育知识。这一过程所体现出的教育科研"校本化"特征正是知识生产"模式2"所倡导的"应用语境下的研究"的现实写照。分析与揭示U-S合作中"校本化教育科研"绩效产生机理是对知识生产在"应用语境"进行"问责"的直接回应，同时也为后期建立量化研究模型提供理论层面的支撑。本章将以真实案例为依托，按照从现象到本质的思维过程，逐层提炼、深化对于U-S合作中的校本化教育科研绩效的理论认识。

第一节 U-S 合作过程探析

一、一个 U-S 合作的典型案例[1]

1. 合作研究缘起

北京市顺义区杨镇中心小学是一所普通的郊区小学,课程改革以来,学校积极探索育人理念、目标与途径的变革,致力于建设一所符合时代需求、能够为学生终身发展奠基的优质学校。作为小学,杨镇中小一直比较重视教师课堂提问技能的培养,因此学校聘请了首都师范大学研究课堂提问的专家入校对教师进行指导。在学校与师大专家的接触和研讨中,发现了"通过优化提问实现促进学生思维发展"这个双方共同感兴趣的课题,该课题既能够深化高校关于课堂提问的理论研究,又为学校找到了育人方式、育人目标升级的突破口。为此,学校和师大专家建立了合作研究关系,确定了"优化问答链接,促进学生思维发展的研究"课题方案,召开了课题启动会,明确了双方在研究中的权利和责任。

2. 合作研究过程

第一阶段:准备阶段(2011年4月—2011年9月)

该阶段主要完成四项工作:一是在师大专家关于文献检索方式与关键词的指导下,教师收集了大量文献资料,专家与骨干教师一起对文献进行了整理,形成人手一册的学习手册。二是专家起草、教师修改,形成简单问卷,了解中高年段学生思维的发展状况,把握研究的起点。三是进行了专题培训,使教师认清"问题""提问""思维类型""思考规律"等基本概念,使之掌握基本的问答原则,并且与语文老师相配合,设计具有思维促进作用的提问课例,举例说明教师的探索思路。四是建立了课题研究制度,包括研讨

---

[1] 案例在教师自述基础上由作者整理。

制度、反思制度、奖励制度、经费和时间支持制度等。

第二阶段：行动研究阶段（2011年10月—2013年12月）

提炼基本提问类型

首先，各科教师对大量不同学科课内提问的收集与整理，试图根据通过对学生思维水平的不同影响划分出提问的不同种类。在讨论后，一致决定将师大专家提出的布鲁姆目标分类标准进行改造，结合实际教学中能够把握的学生思维类型，将课堂提问划分为四个层次。第一层次R（Recall）：基础类问答，也叫认知记忆类问题，回答是不是、是什么；第二层次C（Conclude）：归纳类问答，即从众多的表象中找共性；第三层次D（Diverge）：发散类问答，即由一点引发头脑风暴，追求答案的不唯一性；第四层次P（Ponder）：批判、评价类问答，引导学生评价，并敢于质疑和提出新见解。

此环节中，教师表示"我们其实能够感到不同问题对思维发展的不同作用，但是不知道怎么提炼分类更好，专家的意见虽然太过专业讨论时没有被直接采纳，但是这种划分给我们提供了特别好的思路，一下子就知道该往哪儿想了"。

在接下来的教学中，教师从教学设计做起，预设每课提问的数量、类型、时机，验证四类提问在教学中的可操作性和实效性。为了观察课堂效果，师大专家提出建立课堂观察表，通过同伴记录、录像回放等技术手段，各组能够每周对本学科教学情况进行研讨分析，从"问题数量""问题类型""学生回答问题情况""教师理答情况"四个主要方面判断分类提问的实际效果。

提问指导策略的形成

在可行性验证的过程中，教师提出了新的问题：提问设计中存在的问题通过观察反馈比较容易解决，但是师生互动技巧的欠缺限制了提问作用的发挥，必须对教师如何引导学生思考的策略进行研究。教师们结合自身经验进行课例反思，总结出：关键处点拨、研讨中互启、联系中表达、情境中创新、追问中推进的思维助推策略，在问答不顺畅时及时采用策略激发学生思考与回答。

在此过程中，师大专家表示"学生情况千差万别，预设外的情况真的很多，必须靠教师的经验和智慧才能克服这些困难，让课题研究不偏离轨道"。

建立问答链接模型

分散的问题即使再有价值对学生的思维也只能是点状触碰，只有课堂提问形成链接，才能从课堂整体的角度推动思维由点到面、由低级向高级的系统发展。为此，研究团队开始尝试将一节课的问题连接起来，形成互相关联、由此及彼的问答链接。各科教师采取行动研究的方式，按照实践——反思——再实践——再反思的过程，从优化某一个问答链接，到优化整堂课问题结构的链接，问题层层深入，不断提高课堂教学思维含量，学生思维不断拓展、延伸、提高。师大专家一方面每周参与研究课的观察与讨论，另一方面帮助教师确定出典型的思维链接模型，整理出三种问题链接基本模型：

提问的问题结构是以链状结构环环相扣的，解决前一个问题是解决后一个问题的基础。

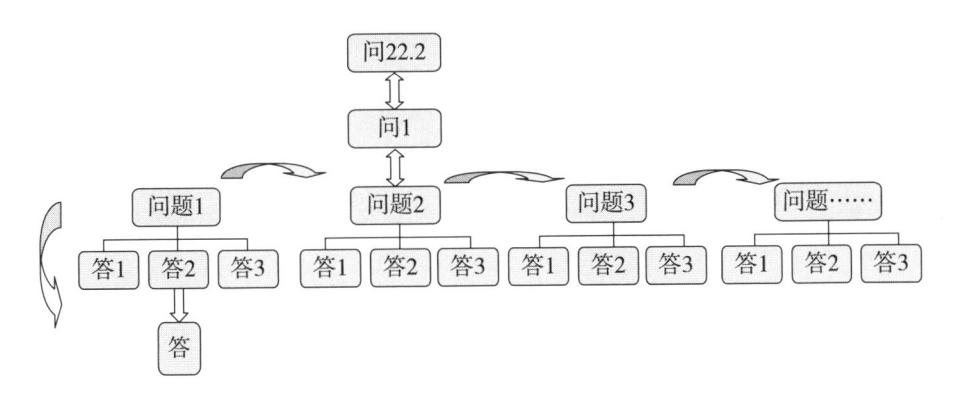

图3-1 纵向逻辑结构型问答链接

有一个中心问题，该问题向四周散射出若干小问题，理解、解决了若干小问题，也就可以理解了中心问题。各小问题并列展开，它们的起点与终点都指向中心问题。

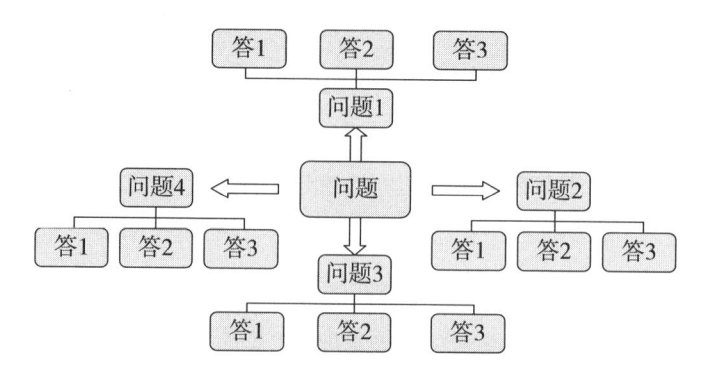

图3-2 横向辐射型问答链接

一节课中往往会将两种问答链接综合使用。课堂上根据学段、根据教学目标，突出核心链接。

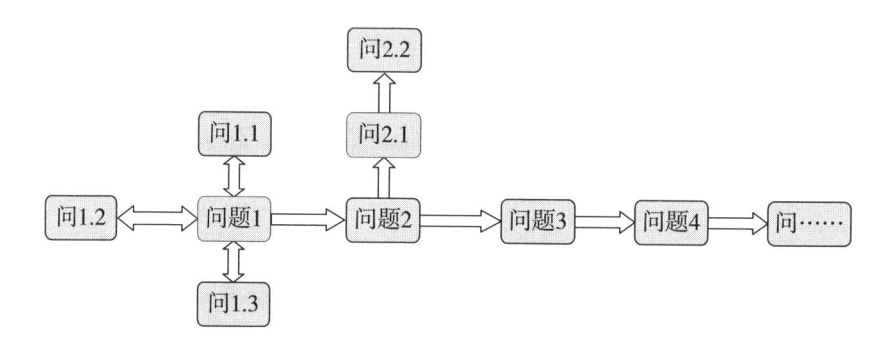

图3-3 综合型问答链接

此环节，学校教师的评论是："我们陷在每节课怎么设计上，专家提炼的模型一下子让我们跳了出来，看清楚这么多尝试最后形成的共性结果是什么，有了这个模型，再设计问题时心里也就有底了，哪怕是没有经验的新老师，至少也知道设计目标是个什么样的"。而师大专家则表示："模型既不是拍脑袋想出来的，也不是从哪个理论衍生出来的，其实老师们已经探索出来了，我只不过是把探索结果用提炼的方式固化下来了而已，这是大家共同的智慧结晶。"

第三阶段：成果总结与分享阶段（2014年1月—2014年5月）

在专家的指导下，教师们将精彩问答链接案例、发表论文、获奖论文、日常教学反思等编辑成册。学校明确了所有教师教学设计中对提问设计的要求；将提问质量作为教学评价内容之一；召开了现场会，宣传分享学校研究成果。专家也增加了初等教育学院专业课中的有关案例内容，发表了相应论文。作为后续，双方初步商议深化前期研究，将"思维课堂"作为下一步合作研究的选题意向。

3. 合作研究成效

（1）促进了学生思维水平的提高

研究之初的调查显示，60.5%的学生不愿提出不懂的问题；喜欢回答老师提问的学生占总数的42%；喜欢老师提发散类问题、评价类问题的学生占43%；自己回答问题不准或者是回答不上来的时候，39.6%学生希望教师直接讲出答案；在写作业遇到不会做的题目，46.3%的学生是做不出就问别人。他们懒于思考，习惯接受。随着年级的升高，问题越明显。

如今，通过课堂观察和调查访谈，学校发现学生的思维较为活跃，强烈的问题意识使学生以积极的状态参与到学习中。53.6%的学生认为自己在学习时感到有问题要问，能及时提出不懂的问题与同学和老师一起探究；82.1%的学生喜欢回答老师的提问；喜欢老师提发散类问题、评价类问题的学生占70.2%，课上能大胆发表自己的见解，敢于提出不同意见；自己回答问题不准或者是回答不上来的时候，只有15.3%的学生希望教师直接讲出答案，84.7%的学生希望教师将问题再重述一遍，给点时间让自己思考。在写作业遇到不会做的题目时，89.1%的学生先是自己动脑筋想办法，或是查阅工具书，实在不会，再向别人请教。学生们的问题意识增强了，探索精神和学习思考力正逐步提高。这与教师关注学生，优化问答链接有直接关系。

（2）促进了教师思维发展，研究意识增强、研究能力提高

教师在参与研究的过程中得到锻炼，研究能力有了明显提高。研究之初，二年级某班44人，教师课堂提问数量达到59次，提问27人。问题数量多但并没能关注全体学生，课堂有"死角"。问题类型多属于识记类和归纳类问答，对学生思维挑战不大。教师理答方式单一，不能及时有效反馈。

如今的课堂，四类问答均有体现，问题指向明确，紧扣教学目标，对学

生思维富有挑战性。教师们更加关注发散类问答和评价类问答的设计，问题数量大大减少。主问题不超过5个，课堂无"死角"已成为学校评优课标准之一。

教师们在教学实践中探索，在课题研究中成长，在自我反思中不断提高。同伴听课、即时研讨、撰写反思、带题授课、文献学习等成为教师工作的自觉常态。骨干教师积极承担课题研究课30余节，录制优秀课例20余节。5节教学设计、26篇课题研究论文获得国家、市区级奖励。教师科研能力明显提高，认真撰写论文、案例、教学反思，编辑课题研究案例集锦、精彩问答链接辑录、优秀教案集、优秀论文集等4册。这为新教师提供了可借鉴的资源。学校的课题研究成果在《顺义教育》上发表10篇，其中1篇被录入北京市课程实验改革论文集。

(3) 学校影响力逐步提升

课题研究促使课堂开放，学生思维活跃，发散创新意识增强；教师理论水平、教学能力都得到了进一步的提高，有力地推进了学校的教学改革。学校先后三次在全市大会上介绍课题研究经验，同时还接待了日本学者访问团的入校参观。

二、U-S合作过程探析

U-S合作研究是高校理论工作者与中小学校协同工作的过程，一般说来基本需要经历三个过程：设计合作研究、实施合作研究、调节合作研究。设计合作研究阶段主要目的是达成合作意向，制定合作方案；实施合作研究阶段主要目的是将合作方案转化为学校新的认识和新的行动，同时也发现新的问题；调节合作研究阶段是对合作关系的梳理，通过评估、反思与总结提炼成果、优化合作、规划下一步研究。

（一）合作研究的设计阶段

高校与中小学在自愿的基础上，形成合作伙伴关系。双方合作的内在需求是双方能够建立伙伴关系的基本前提，即高校理论工作者感到深入中小学的教育实践对于丰富、发展与验证自己的理论有重要意义，中小学（往往是校长或者学校科研、教学、德育等负责人)则出于改变学校发展现状(如由弱变强或促进教师发展或提升学校文化品质等)的需要,希望引入外部专业力量打破现有常态,实现突破。基于以上动机和需要,两类主体在对学校现有问题、优势、发展趋势等达成判断共识后,确定研究课题、制定学校发展规划和合作研究方案。合作研究的方案根据现实需要体现为不同层次、不同类型,如整个合作项目的计划及不同子项目(不同学科组等)的计划、在总计划之下不同群体的分计划(突出学校及教师的自主性、独特性、创造性)等。U-S合作研究设计方案的特点在于把研究任务与人的培养相结合,如学科教学变革与教师队伍建设、学生发展研究与班主任发展、学校管理变革与学校领导发展等。

在设计过程中,双方的沟通至关重要。因为,合作初期,高校和中小学双方都容易以单向的自我需要的满足为主要指向,将对方视为满足自己需求所能依靠的方式或手段,若沟通不畅,将造成双方需求的硬性叠加,而不是有机结合,这严重影响双方深入、持续合作的可能。因此,在启动阶段,双方的沟通要解决以下问题:第一,明确合作研究的内容,包括研究的总目标以及不同时期不同阶段的分目标、共识理念、资源需求、预期成果等;第二,加强主体间的深入了解,形成高校与中小学在合作上的统一认识和合作动力;第三,充分收集不同参与或利益相关主体(高校团队、学校教师、家长等)的意见与建议。为实现有效沟通,高校和中小学往往都会设立制定的联系人,全面负责沟通协调,同时,还要有多元化的沟通方式,比如:研讨会、调研会、教师座谈、入班听课、参与教研活动等。在沟通过程中,实现高校理论工作者和中小学领导教师的自我认知以及相互认知。高校理论工作者的自我认知包括对研究的定位、发展方向以及研究可能对教师造成的影响等问题的反思与认识;学校领导教师的自我认知是其对学校、学科组、教研组及个体状态的认识与反思,指向寻求最近发展空间,并判断承担研究任务的可行性。

(二)合作研究的实施阶段

在合作研究的实施阶段,高校理论工作者以"深度介入"的方式和中小学校干部教师一起持续而逐步地开展各层各类合作研究规划，推进综合研究、专题研究和日常研究等不同形式的研究。综合研究是基于对学校具体校情的细致分析所形成的旨在直接促动学校整体发展的综合性、整体性研究，是对一个学校教育全面状态的把握与推进。专题研究主要指在综合研究及学校现状基础上在学校各相关教育领域（如不同年级、不同学科、学校文化建设、教师发展、课程建设等）开展的有针对性、提升性或开拓性的聚焦研究。日常研究是没有固定选题和方案的研究，目的在于帮助教师注重日常工作的研究性，形成常态研究，带题授课，养成反思、创新、总结的习惯。

专题研究与日常研究既有联系，又有区别：日常研究是所有教师的任务，理论工作者只做整体指导或个别点播，不会全程参与所有教师的日常研究；专题研究则需要比较明确、固定的U、S双方参与人员队伍。日常研究的主题相对切入点小而微，可以因人、因组而异，专题研究的主题是固定和集中的。日常研究是由教师自主开展，专题研究是具有强制任务性的；日常研究是最基层的，专题研究可能涉及多个层面；日常研究是理论与变革因素持续渗透的常态性研究，专题研究是以点带面的典型性研究。随着专题研究逐渐推进，研究内容不断细化，形成"类"的结构与系列，便可以转化为日常研究，进而提升日常研究水平。合作研究一般由高校理论工作者与骨干教师共同开展，在不断深化实践研究水平中发挥对其他教师的示范和引领作用。合作研究课题的每项子研究注重发挥所有参与教师个体的积极性与创造性，注重过程性积累，强调不同领域研究、不同个体之间的相互沟通和借鉴。

在研究过程中，学校教师与高校理论工作者可能出现两种负面关系。第一种，教师对理论工作者过于依赖，轻易否认自己的认识和实践，希望理论工作者能够提供一切解决问题的良方，此时，理论工作者难以获得来自教师的研究贡献，阻碍了合作研究的实效。第二种，由于过高需求未被满足、打破原有平静增加工作负担、违背教育教学习惯、变革受挫等种种原因，教师对合作的理论工作者产生逆反性"反叛"，表现为研究积极性下降，消极应对理论工作者的要求，甚至明确反对。上述矛盾需要两类主体之间的化解点有两个：一是高校理论工作者的真诚投入及少数具有悟性的教师（尤其是以教研组长、骨干教师为代表的精英教师）的示范与引领；二是研究理论在实践过程中体现出来的对教师及学生发展和实践变革的价值以及研究过程中教师的发展感与自信心。随着合作的深入，两类主体交往的深度、频度、强度与效度不断提高，对方的知识、能力、品性和人格有了较为全面客观的认识，便能够形成较为坚定的信任感和合作意识。

（三）合作研究的调节阶段

调节是通过合作中两类主体的及时交流与沟通对合作设计与实施过程进行调整的过程，主要包括评估、反思、重建三个方面。

在评估方面，一方面通过原有评估指标指向来引导学校教育实践变革，另一方面又将实践变革过程中形成的新经验和所呈现的新特质进行概括，形成新的学校教育实践评价指标体系和具体形态，使教师对新学校教育实践形态之"形"有具体化的认识。在这一过程中，理论工作者与学校双方既是评价者，又是传统教育实践的变革者和新型教育实践的创造者。这其中，学校干部教师主要以在变革实践中形成的理论及评估指标体系为依据，审视教师将变革理论内化和外化日常研究性变革实践成果；理论工作者则是与教师面对面，直面教育问题，不仅指出问题现象，更注重指出问题现象背后隐藏的观念问题，并提出进一步改进建议，指出前进方向。

反思一般由行为主体在评估之后持续进行，指向进一步认清内在研究过程的主要问题以及改进空间，在此基础上，展开新一轮的重建。

在从设计到调节的过程中，高校理论工作者与中小学干部教师形成了伙伴关系，教师逐渐形成研究的自主性与自觉性，使合作走向"全""实""深"，即所有教师都参与、研究涉及学校教育实践的整体、扎实而不走过场、持续深入而不停留于表层❶。

---

❶ 伍红林. 大学教育理论工作者与中小学教师合作研究过程探析［J］. 教育发展研究，2009(10)：41.

三、U-S合作中校本化教育科研的关键性

从案例可以看出,高校专家和学校关于优化提问的研究合作经历的设计、实施和调节阶段,其核心内容只在于如何根据本校的授课实际总结出提问链接的方式,并使这种方式成为课堂教学的一般模型,希望通过提问设计的改变提升学生思维品质。高校人员的研究旨趣最终落实到学校基于课堂实践的研究之中,只有通过学校教师在实践中反复讨论和提炼,关于课堂提问的研究成果才能具有良好的实践解释力和实践指导价值。该现象有力地揭示出教育研究的特质。

教育科学研究是"在教育领域进行的创造性认识实践活动",它"作为研究人的身心和谐健康发展与智慧增长之学,既是教育工作的一部分,也是科学研究活动的一部分,它代表着人类自身能力建设水平从本能阶段、经验阶段向有意识的反思阶段的进步"[1]。教育科学研究与其他科学研究最直接的区别是其研究领域的不同,而"教育"这一研究对象又导致了教育科学研究相对于其他科学研究、特别是自然科学研究具有独特之处:第一,研究取向具体化。自然科学的研究对象是一般的规律,其研究目标是获得全称的定然判断,因而研究行为是在抽象思想下以普遍化方法为典型方法进行探索的过程。教育科学的研究对象是特殊的历史事实,其研究目标是获得单称的实然判断,因而研究行为是在直观思想下以个别化方法为典型方法进行探索的过程。第二,持有价值原则。与自然科学不同,教育科学中人及文化的因素占有重要影响地位,这就必然使得教育研究不可忽视由人和文化所带来的价值问题,事实与价值两者不可分离,"教育科学研究达到科学性、客观性的关键恰恰在于达到'价值相关'"[2]。第三,以经验性规律为主。自然规律的特征是确定性、精确概括、普遍真理,而教育规律是或然性推论的结果,是一种经验性规律。对经验性规律的探求一方面决定了教育科学研究必须从经验、从历史出发,另一方面也决定了该规律的作用不是做确定事件的预见,

---

[1] 曾天山. 教育科研的视野与方向 [M]. 北京:教育科学出版社,2009:1.

[2] 刘尧. 中国教育科学研究的反思与改造述评 [J]. 当代教育科学,2004 (9):6.

而是类似于气象学和地震学，只能做关于可能趋势的预测。总之，教育领域是一个意义领域，教育科学研究是一种意义研究，即使是对教育领域中的经验事实进行研究，也应服务于对教育意义的理解。

上述教育研究的特征表明：脱离具体实践情境的教育科研活动缺乏意义的实证，书斋中、实验室中的教育科研成果其质量与价值难以体现，只有能够适用于真实教育活动、能够促进教育切实发展的教育研究成果才是有实效的研究。正如哥伦比亚大学师范学院院长柯雷（Stephen M. Corey）在《改进学校措施的行动研究》一书中所指"所有教育上的研究工作，经由应用研究结果的人来担任，其研究结果才不致白费。同时只有教师、学生、辅导人员、行政人员及家长、支持者们能不断地检讨学校的各项工作，学校才能适应现代生活的要求。所以，学校的所有这些人员必须个别或集体采取积极态度，运用其创造思考，指出应该改变之处和如何改变的措施，勇敢地加以试验；并且讲求方法，有系统地收集证据，以决定新措施的价值。"❶ 柯雷所述探索过程就是行动研究。行动研究是中小学校本化教育科研最主要的研究方式，也是将高校理论工作者与一线教师连接的直接纽带。可以认为，发生在学校内的教育科研是教育科研不可缺少的一个组成部分。

然而，并非高校进入中小学就形成了真正意义上的合作，如果高校掌握着话语霸权，中小学校仅仅作为"专家"指令的执行者，没有主动的反馈和创生，那么高校科研人员仍然无法了解实践检验的真实结果及其原因，也得不到进一步改进研究的有效建议，新知的产生便受到阻碍。当以真理、理想、学术、自由、批判等为基本气质的大学文化与以务实、严谨、遵从、爱心、不辞劳苦等为主要特征的中小学特征互不相容时，U-S 的合作只是貌合神离。

中小学校在教育科研中的作用绝不只是提供实践，高校理论工作者和中小学教师也绝不是理论者与实践者的截然对立。由于教育情境具有复杂性，一般性的教育理论或方法很难直接转化为教育教学行为，只有结合本

---

❶ Corey S M. Action Research to Improve School Practices [M]. New York：Bureau of Publications, Teachers College, Columbia University, 1953：129.

校、本班实际，由中小学教育或管理一线人员在理论指导下，进一步认清自己所面临的具体问题表现，采用科学的方法分析问题原因，进而尝试提出行动改进方案，验证改进结果，同时对理论的阐释提出基于实践验证的补充或延伸，教育研究才能在实质上得到推进。教育研究的目的是创造关于教育的知识，而教育知识往往蕴藏在教育者的经验之中，以隐性知识的形式存在，高校的介入能够帮助教师将隐性知识提炼、转化为显性知识，进而在更大范围内传播，实现知识的共享。可见，教育科学研究的校本化过程是U-S合作的关键环节，高校和中小学双方对于教育研究的诉求在校本化研究中达成了一致，中小学校校本化教育科研的绩效直接决定着U-S合作的实际成果与水平。

校本化教育科研之于U-S合作研究的重要地位可用图3-4表示。

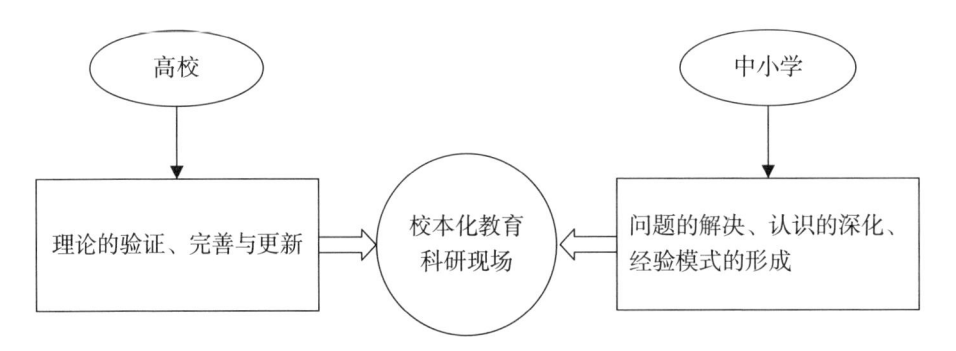

图3-4 校本化教育科研在U-S合作中的关键性

第二节 校本化教育科研绩效的产生机理与特性分析

由上述分析可知，U-S合作研究的核心是校本化教育研究的过程。在校本化研究过程中，每项关键要素的落实都会带来影响研究效果的相关节点绩效的产生，而这些节点绩效的有机合成便形成校本化研究的最终绩效。可以说，校本化教育科研绩效与U-S合作过程相伴相生。

一、U-S 合作在校本化教育研究活动中的双环体现及要素提炼

进一步将 U-S 合作过程聚焦,发现合作设计、合作实施、合作反思的运行过程实际上涉及两个校本化教育研究活动层面。

第一层面:管理活动层面。该层面活动是学校对教育研究的整体规划与管理,是有关研究方向、研究动力、研究保障的活动。作为一所学校,其教育研究规划与管理能力反映着开展研究活动的组织基础,是 U-S 合作对学校专业思维、专业方式、专业追求的深层影响,是学校在 U-S 合作中向研究型组织迈进的体现。

管理层面活动包括以下活动要素:(1)导向要素。指对学校发展现阶段基本定位以及科研突破点的判断。(2)组织要素。指对校本化研究的人员、活动等作出统一安排。(3)激励要素。指对合作研究行为的引导和鼓励。(4)保障要素。指对合作研究过程提供必要的资源支持。

第二层面:研究活动层面。该层面是 U-S 双方共同针对研究课题开展研究活动获得成果的过程。这是 U-S 合作中的核心内容,其工作产生的成效直接反映出 U-S 合作中校本化教育科研对教育教学现实问题的回应水平、破解水平、创新水平,是 U-S 合作共同体教育科研能力的现实检验。

研究活动层面包括以下活动要素:(1)问题要素。指不利于组织目标或教育目标实现的实践困惑。(2)知识要素。指通过文献和实践反思收集的与研究问题相关的已有理论与经验。(3)变革要素。指在已有理论与经验基础上提的出具有本校特点的实践变革方案(课题研究方案)。(4)验证要素。指在教育教学中实施变革方案或收集预设信息,对其效果或结果进行观察的过程。(5)分析要素。指根据教育教学实际表现讨论课题预设结论的合理性和可行性以及实施策略。(6)成果要素。指将确定性成果转化为教育教学的常规内容。

二、双环层面校本化教育科研绩效的产生

接下来,分别从实际运行的角度考察两个层面中各要素的落实如何产生

校本化教育科研绩效。

1. 管理层面校本化教育科研绩效的产生

正如劳丹（Laudan）所言，科学的目的在于解决问题，在问题解决中理论的效力不断提高❶。教育发展的需要使得教育研究者不断发现教育的问题，从而通过系列研究行为寻求问题的解决，而问题解决带来的实践改进以及问题解决所积累的理论与方法的更广阔应用最终又推动了教育的发展。

对于学校组织来说，教育发展带来的问题集中体现为学校发展某一阶段所需重点突破和解决的问题，这些问题对于学校发展具有关键性的作用。不同学校由于其发展基础和发展目标不同，因而在一定时期内所重点突破和解决的问题也不尽相同，选择哪些问题作为突破重点，则需要学校在专家相关理论的引导下、采用科学方法、通过综合分析进行决策判断。在明确学校阶段发展关键问题后，学校需引导教师结合教育教学实际情况进一步聚焦，划定问题研究边界，并且组织适当人员投入研究实践。为了确保研究任务的完成，学校一方面需要对教师进行持续激励，使教师主观上乐于切分出一定精力进行超越常规教学要求以外的思考和尝试，另一方面也要提供相应的条件保障，在物质、时间、智力支持乃至管理制度方面为教师提供资源和空间。在教师研究过程中，学校还要对研究进度、研究所需活动平台以及研究成果整合等事务进行组织和管理。

虽然在校本化研究的组织与管理中，学校管理者承担了更多的责任，但是高校专家的参与在以下三个方面也发挥着重要作用：第一，对于学校发展核心问题的判断以及破解方案的制定，需要专家提供有效的理论指导、调研分析技术以及破解思路、研究预设。专家只有大量收集学校实践中的信息数据方能形成正确的指导意见。此步骤在于保证合作研究的课题是对学校发展具有战略意义、全局意义的课题。第二，对学校教师进行科研方法和理论知识的培训，参加研究沙龙、论坛等研讨活动，提供其他相关学习资源，作为研究保障与支持，提升教师研究能力。第三，帮助教师感受研究的意义与价

---

❶ Laudan L. Science and Values [M]. London: University of California Press Ltd., 1984: 50-52.

值,激励教师自觉自愿参与研究团队。

上述行为虽然不能直接导致某一具体方面科研成果的产生,但研究方向的确定、研究队伍的建立、研究活动的有序开展、研究资源的有效提供、研究氛围的良好创建等节点成效都是科研活动得以开展和取得预期效果的必要条件,是学校整体科研绩效的组成部分。

2. 研究层面校本化教育科研绩效的产生

在科研管理行为的作用下,学校教师分别加入不同的课题研究。教师的课题源自影响学校发展的关键问题,当问题明确后,首先需要调动已有理论和经验知识,这是继续研究的基础。无论是库恩(Kuhn)的范式论❶还是拉卡托斯(Lakatos)的科学研究纲领论❷,以及夏皮尔(Shapere)的"域"理论❸都同时强调了基本的、核心的、共同的理论知识以及研究规则对于后续研究的重要性。因此,作为科学研究的一个分支,校本化教育科研也同样需要在已有研究成果中找寻进一步"解惑"的指导,而不是仅凭个人经验、感觉甚至政策要求简单提出解决之道。在已有知识调动的基础上,教师重新审视学校的具体问题,找到问题与已有知识的联结点和脱节处,脱节处即已有知识不能直接解决或者没有尝试解决过的问题,对这些脱节问题如何解决加以新的设计便是该项课题研究的核心价值所在。在对新设计进行构想后,则需要通过实践来验证构想的可行性和有效性。实践验证发生在教育教学及管理工作中,表现为一种日常工作和研究融合进行、研究者即实践者特征的行动研究。阶段验证的效果必然首先由每位教师个体所体验,通过一定的交流与分享,比如听评课、研讨会等形成教师的共同判断,判断的结果可能肯定了原有设计,但更可能发现原有设计的不足或制约原有设计有效性的操作因素,因而需要继续调动知识、更新设计、验证设计、再次分析结果,在从

---

❶ Kuhn T S. The Structure of Scientific Revolutions [M]. Chicago: The University of Chicago, 1970: 76-103.

❷ Lakatos. Criticism and the Growth of Knowledge [M]. London: The Cambridge University, 1970: 100-124.

❸ [美]达德利·夏皮尔. 理由与求知——科学哲学研究文集 [C]. 诸平,周文彰,译. 上海:上海译文出版社,2001: 428-429.

知识调动到结果分析的循环改进中找到问题解决的最佳答案。当验证达到了理想结果后，需要对结果产生所需的条件、所适用的范围以及所体现的对教育现象的再认识进行总结和梳理，将梳理结果用文字记录下来，同时通过在学校日常教育教学中的应用研究成果，经过一段时间应用检验后，可通过论文发表、会议交流等多种形式寻求研究成果在更大范围的宣传和固化。研究成果的固化推动了学校的发展。

在研究过程中，中小学领导、教师是问题的直接发现者，也是研究方案的最终确定者和实施者。高校理论工作者以研究者和实践者的双重身份，通过理论梳理、提供知识与方法、共同研讨、方案咨询、观摩记录、过程评析、成果提炼等工作方式全程介入研究过程中，一方面发挥理论知识优势，另一方面吸收实践知识供给，最终不仅与学校教师一起完成指向教育教学的校本科研成果，同时也要按照高校的知识产出方式将校本化研究进行理论提升，形成更上位的公共知识，产生更大范围的理论影响。

在研究层面活动过程中，对现实问题的深刻领悟、对文献与经验的整理与掌握、对实践改进的设计与成效、对常态教育教学行为的影响、教育研究成果的扩散等均是研究绩效在不同节点的实现，也是总绩效不可或缺的组成部分。

上述过程可用图 3-5 说明。

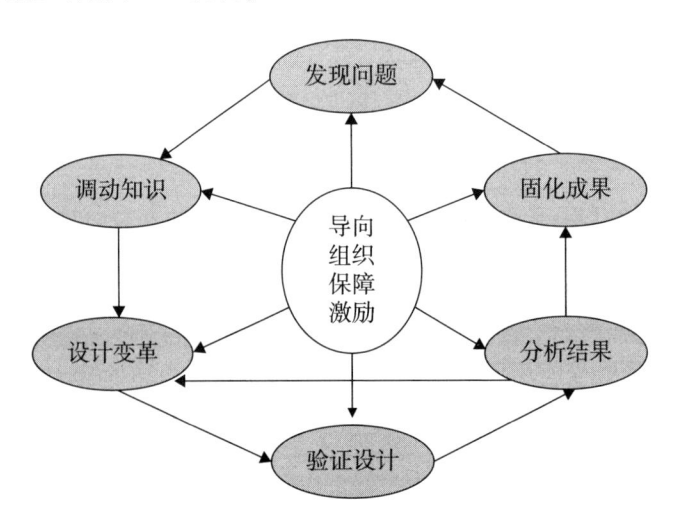

图3-5 U-S 合作中校本化教育科研运行机制模型

依据上述科研运行模型，可以看出校本化教育科研行为主要由管理行为部分和研究行为部分的协同作用而成，根据行为主要目的的不同，可将校本化教育科研各环节分解如下表，科研绩效也正是来自于每一环节投入产出带来的目标实现，如表 3-1 所示。

表3-1 校本化教育科研投入产出环节分解

行动	导向	组织	保障	激励	调动知识	设计变革	验证设计	分析结果	固化成果
目的	围绕学校发展需要确定待研究问题	合理分配研究任务，确保研究过程有序推进	为研究提供条件支持	激发教师积极参与研究	获取与解决问题相关的前期知识与经验	提出问题解决的新思路和方法	证明设计可行性	确定解决方案的改进点及适用范围与条件	研究成果转化为日常行为，并推广与应用
投入	学校领导重视与参与；高校专家理论与方法的提供；教师的集体判断	高校与学校双方人员；相应的研究活动	双方经费、时间、制度	情感、经费、专家的专业影响力	文献量、查阅整理综述文献的思路与方法	专家和教师的智慧	多个教师的实践；专家的记录与指导	专家、教师共同的讨论与思考	专家、教师共同进行成果整理、固化与提升
产出	形成选题	形成研究团队；研究进程顺利推进	丰富的科研资源及其实际应用	教师研究的主动性	文献、经验的整理与掌握	改进行动的依据及内容	实践效果	改进措施；明确成果适用范围和条件	文本化的研究成果；认识变革；实践变革

三、校本化教育科研绩效的特性分析

校本化教育科研绩效正是产生于上述教育研究的各个环节之中。所谓绩效，传统上认为是"特定时间范围，在特定工作职能、活动或行为上生产出的结果记录"，并且"一直认为存在一种共同因素可以解释绩效测量的真实变异"[1]。但是随着实践与研究的发展，越来越多的研究者意识到，受组织性质、组织使命、组织文化、组织活动过程特征等不同因素的影响，绩效的内

---

[1] Bernardin H J, Beatty R W. Performance appraisal：Assessing human behavior at work, Boston：Kent Publishers, 1984：128-129.

涵具有多维性。目前，更多研究者赞同绩效不仅是工作的结果，而且是包括工作过程本身，绩效的价值在于其刻画了工作行为对于实现特定组织目标所产生的积极意义。基于该观点，结合案例调研结果，笔者认为，"校本化教育科研绩效是中小学校（在与高校的合作中）开展教育科研活动所取得的最终成果，以及为取得该成果所实施各项工作的意义实现"。校本化教育科研这一活动产生于中小学校这一有着特殊使命和文化的组织中，与其他机构的科研活动有所不同，因此其绩效在符合一般定义的基础上必然有其特殊性。正确认识校本化教育科研绩效特性，及时澄清理解误区，对于校本化教育科研有着方向引领性作用。

（一）校本化教育科研绩效是组织的绩效而非个人的绩效

不可否认，学校由教师组成，学校教育科研活动需依托每位教师而展开，但必须明确，学校教育科研不是教师个体研究的简单叠加，而是一项系统的组织行为，学校作为研究主体要发挥其设计、组织、协调、实施等一系列责任。任何一项科研活动都不仅仅是分散、孤立的教师个人职业兴趣，而是学校为了提高其教育供给能力、适应发展需求所做出的整体专业发展规划的一部分。教育科研是学校基于组织使命与目标自我更新、自我发展的途径，研究什么、谁来研究、如何研究、研究成果如何使用……都要在学校发展需求诊断的基础上做出判断与选择。因此，学校的科研绩效决定于学校对科研工作的统筹设计及结果呈现，体现了学校在科研方面整体推进的程度。

（二）校本化教育科研绩效衡量的是问题解决能力而非成果载体形式

在以科学研究为组织职能的专业研究部门，课题数量、课题级别、发表论文篇数、转引率等是衡量科研绩效的主要指标，这是因为上述部门的职责是知识生产，课题、论文是知识生产与传播的重要载体，科研成果很大程度上需要借助论文、专著方能被知晓和应用，因此课题、论文等能够表征研究部门知识产出的数量和影响力。然而，学校的根本任务是育人而不是新知生产，学校在科研活动中不断产生新认识、新实践的目的是为了促进管理和育人能力的持续提高，其目标价值体现在帮助学校实现教育教学实践改进从而提升学校效能上。论文、案例、文集等以文字形式固化、表达、传播学校科研成果的形式不可或缺，但只能是研究过程的载体和工具，并不是最终绩效的表征。相反，对于教育实际问题的把握、分析和破解的工作机制、人员素养以及实际效果才是中小学校科研绩效的核心内容。

同时，已有文献和现实实践表明，中小学所开展的教育科研活动具有多重目的，包括解决实际问题、提升教师能力、提高育人成效、促进学校发展、丰富教育理论，等等。但是，这些目标之间具有一定的逻辑层次：科研工作最直接的效果体现必定是完成研究任务、解决某一问题，在这过程中教师的研究能力得以提升，学校科研氛围形成；而育人成效与学校发展，是教育科研影响下的效益获得，并不是科研活动的直接产出。一所学校所进行的科研实践具有明显的适用范围局限，不直接指向具有核心价值的教育理论的形成，而只是对于教育理论形成或验证起到积累素材的作用。因而，校本化教育科研绩效应着眼于科研工作的直接产出，也即科研活动的直接效果，而非科研活动的间接效益。

（三）校本化教育科研绩效决定于持续状态而非个别事件

在实践中，学校往往倾向于通过描述某项特色科研活动或是某个课堂教学创新片断来展示科研实效，但是这些典型案例不具稳定性，今天有明天没有，这里有那里没有，并不能反映学校科研兴趣、能力和水平的普遍状况，因此不适宜用来反映科研绩效现状。只有能够在学校中固定为常态的机制、内容才能决定学校的科研绩效。学校科研绩效的增长，一方面体现为能够固化为常态的管理机制与教育教学创新增多，另一方面体现为教师对固化为常态的管理机制、教育教学创新的参与度、认可度、践行度提升。

（四）校本化教育科研绩效评价的最大权重主体应为本校教师而非独立第三方

绩效评价社会化理论指出，在一个命令和管制的环境中，绩效评价可能引发组织成员的不良情绪与行为，从而阻碍组织发展；而在自我指导的环境中，绩效评价将极大地促进员工内在追求发展的动力，从而实现组织绩效的持续增长。"如果员工认为评价能够帮助他们做得更成功（而不是用来操纵他们），那么评价就会成为组织中的积极力量"❶。对校本化教育科研绩效进行评价其目的在于帮助学校判断科研管理工作的问题与改进，而不是进行校际间比较和鉴别。学校教师是学校科研绩效最直接的感知者和创造者，教师对个人在学校科研经历、体验的判断最能够反映学校科研现状。基于自我改进的目的，以教师反馈为主的绩效评价信息相对于以外部管理单位检查浏览为主的绩效评价信息更具客观性、真实性和指导性。要建立以主要参与者与体验者为主体的校本化教育科研绩效评价机制。

---

❶ Dean R Spitzer. Transforming Performance Measurement-rethinking the Way We Measure and Drive Organizational Success [M]. New York: American Management Association, 2007: 56-62.

第四章 Chapter four

U-S 合作中校本化教育科研绩效指标的研究基础与体系确立

通过对 U-S 合作过程中校本化教育科研绩效产生机理的分析可以看出，校本化教育科研绩效的大小直接反映着 U-S 合作行为的过程和效果。为了准确描述绩效的构成，需要对绩效指标进行合理选取，并赋予相应权重，从而使绩效这一概念具有操作性。校本化教育科研既是整个科学研究工作的一部分，也是中小学特殊的专业活动，因此其绩效指标既要以一般科研绩效的常见指标为基础，又要反映出中小学科研活动的特点。

第一节 科研绩效指标的选取原则与分类示例

一、科研绩效指标的选取原则

科研绩效评价指标是实施科研绩效评价的关键，在设计科研绩效评价指标时应注意满足以下基本原则。

1. 内涵清晰

科研绩效评价指标的表达应明确清晰，用于定义指标的名词应准确，没有歧义，必要时可以通过不同的方式对评价指标做出详细的定义，以统一评价者对每一个评价指标的理解，并确保指标具备现实的收集渠道，具备可操作性。

2. 概念独立

每一个科研绩效评价指标尽管可能有相互作用、相互影响或者相互交叉的内容，但一定要有独立的含义和界定，使指标体系的选择做到既必要又充分。

3. 导向性

评价机构通过科研绩效评价指标向被评价对象明确地传达"应该做什么，做到什么地步，需要重视什么"等导向性信息，引导被评价对象的科研目标和国家（或社会）需要相结合，使得科研组织在完成科研任务的前提下，兼顾国家、社会对其的需求，促进科技健康有序地发展。

4. 系统性

科研绩效评价指标体系应能系统地体现科研综合情况，既要反映科研直接成果，又要反映科研间接效果；既要客观地选取与科研能力有关的指标，又要考虑不同科研组织的特点。

5. 多尺度

科研绩效的度量可取多种尺度，不同尺度体现科研管理者或者决策者不同的价值判断。选择何种尺度取决于决策者要求的绩效评价目的。例如，微软总裁鲍尔默评价建立亚洲研究院的绩效时表示，如果以获取图灵奖为目的，绩效几乎为零；如果从公众对产品的科研含金量认可度来分析，则会促使微软在亚洲市场的行业竞争力至少提升4个百分点。

6. 简明性

在基本满足评价要求和给出科研决策所需信息的前提下，应尽量减少指标个数来突出主要指标，以免指标体系过于庞大，给科研绩效评价工作的实施造成困难。

7. 客观性

科研绩效评价指标的确定应避免个人的主观意愿，注意参与指标确定人员的权威性、广泛性和代表性，必要时还需要广泛征集社会各方面的意见。

8. 局限性

对科学研究有重要影响的许多因素，如团队的士气、科研人员的能力等，从根本上讲是很难量化的。因此，在根据绩效指标做出科研投入分配、项目成果预测等决定时，必须考虑到指标的局限性。

指标的选取不是越多越好，关键要考虑指标所起作用的大小，如果选取的指标过多，就会分散对主要因素的评价，结果适得其反。指标的确定需要在动态过程中反复平衡，有些指标需要分解，另外一些指标需要综合或者删减。因此，当以上原则在具体应用中出现矛盾时，一般可做如下处理：

（1）当评价的有效性和评价的简便性相矛盾时，应在满足有效性的前提下尽可能使评价简便，而不是反其道求之。

（2）指标体系必须要包括各有关方面的多种因素。但是，有些指标不易获得或不易测度，不能满足评价所需要的全部数据。因此，在建立指标体系时，对若干与评价关系甚大的指标，虽然目前尚无法获得数据，仍要作为建议指标提出，以保证评价指标体系的系统性和科学性。

（3）评价尽可能精确。如果有些指标目前不能做到很精确，与其为了追求精确而假设数据，或因得不到数据而将一些指标舍去，不如由专家根据经验做定性的描述更为可信。

二、科研绩效指标的分类示例

（一）宏观：区域、行业科研绩效评价指标体系

1. 经济合作与发展组织的科技统计标准和规范评价指标体系

经济合作与发展组织（OECD）相继出版了五本手册，依次是《弗拉斯卡蒂手册》《TBP 手册》《奥斯陆手册》《专利手册》及《科技人力资源手册》，统称为"弗拉斯卡蒂系列手册"。其中，《弗拉斯卡蒂手册》和《科技人力资源手册》是计量投入科学研究的资源和投入科技活动的人力资源的标准和规范，《奥斯陆手册》是计量科技与经济结合的技术创新活动的标准和规范，而《TBP 手册》和《专利手册》则是计量科技活动产出（技术国际收支和专利）的标准和规范。

该指标体系共有 89 个指标。其中，70 个指标与科研相关，主要包括政府对科研活动的支持力度评价，国家、企业、高等学校和政府部门的科学研究支出统

计与评价、科技人才资源评价、科学研究支出状况评价,同时还涉及对国防科研、环境科研的统计与度量;另外19个指标为科技活动的产出和影响指标,即专利、技术国际收支以及科学研究密集产业的进出口贸易等。

2. 中国科学技术指标体系

20世纪90年代以来,中国科学技术指标研究会在国务院有关部门和相关单位的积极配合下,编撰出版了《中国科学技术指标》系列报告。《中国科学技术指标》每两年出版一次,反映我国的科学技术状况、科技实力和科技水平及其发展变化等。在2006年版《中国科学技术指标》中,将指标分为三部分:投入指标、直接产出指标和间接影响指标。投入指标包括人力资源、财力资源、物力资源和信息资源等;直接产出指标包括专利、科技成果和奖励、科技论文、国内技术贸易、国际技术贸易和高新技术产业等;间接影响指标包括国内生产总值、劳动生产率、能源消耗、制造业增加值、生活质量等。

(二)中观:科研创新团队、创新群体绩效指标体系

1. Brookhaven 团队科研绩效评价指标体系

美国是较早开展中观层面科研绩效评价工作的国家。以布鲁克海文(Brookhaven)科研团队为例,布鲁克海文国家实验室成立于1947年,有科技人员3000多人,其中科学家、工程师1000多名。其主要职能是在物理化学、生物医学、环境科学及能源技术方面从事基础研究与应用研究,进行各层次的科学教育和技术转移工作;其主要研究领域包括高能物理、核物理及基础能源科学等方面。该实验室每一年度都要进行绩效评价,评价工作主要是以布鲁克海文科学委员会(Brookhaven Science Associate,BSA)与美国能源部签署的实验室运行合同为基础,针对团队在科学、技术、运行和管理四方面的任务进行评价。其指标如表4-1所示[1]。

---

[1] 张先恩,等.科学技术评价理论与实践[M].北京:科学出版社,2008:98-100.

表4-1 Brookhaven 提出的团队科研绩效评价指标体系

一级指标	二级指标
研究质量	重要成果 重要奖励 专利、发明、许可及版税数量 重要的新雇员 计划 LDRD 创新 编辑活动与主要著作、论文 技术委员会
与 DOE 任务和国家需要的相关性	参与相关项目或计划的数目 所获得的研究经费
建构与运行研究设备的成功程度	预算与进度绩效 设备性能评价 设备使用性 使用者调查
研究项目管理的有效性与效率	下一财年的管理目标与步骤 新雇用的合作科学家 新雇用研究人员 支持研究的组织与管理系统的显著进步 设施及运行的安全性
研究项目管理的有效性与效率	下一代设备与研究工具的发展计划 设备使用者的反应 改进计划质量与时机的措施 列举国际合作的数量 与他人合作项目表 设备使用者的数量 WFO 计划与发起者的列表 雇员概况 过去七年经费资助概况 其他奖励 其他本年的出版物、引文、新闻 合著论文、CRADA 等的数量

2. 上海交通大学张艳提出的高校科研创新团队绩效评价指标体系

在国内，上海交通大学张艳研究员于 2007 年为高校科研创新团队的绩效评价建立了一个四维度的指标模型：学术价值、经济和社会效益、人才效应和投入产出率。如表 4-2 所示❶。

表4-2 高校科研创新团队绩效评价指标体系

评价内容	一级指标	二级指标
学术价值	学术论文	在国内三大检索发表论文，超额完成论文指标 在国内核心期刊发表论文，完成指标计划 未完成论文发表及编写计划指标
	完成著作	撰写了有影响力的著作，超额完成著作指标（2 部或 3 部） 完成著作计划指标 未完成著作指标
	技术创新	创新成果显著，创新氛围好 有创新成果但不显著 无创新成果
	学术交流与合作	举行了国际性的学术研讨会 举行了国内的学术研讨会 举行了省内的学术研讨会
	对学科发展的贡献	使本校该学科在全国同类学科中的排名显著提高或者形成了学科发展的新方向，有效提升了学科发展水平 使本校该学科在全国同类学科中的排名有一定程度的提高 没有提高
	科研成果奖	获国家级成果奖 获省部级二等以上成果奖 获其他科技成果奖
	获发明专利情况	已授权专利数在 15 项以上 已授权专利数在 15 项以下，已申请未授权专利数在 15 项以上 未申请专利

---

❶ 张艳，彭颖红. 高校科研创新团队的绩效评估 [J]. 中原工学院学报，2006，17（5）：60-65.

续表

评价内容	一级指标	二级指标
社会和经济效益	成果的经济效益	已产生巨大的经济或社会效益 已产生较大的经济效益 可预见的经济价值较少
社会和经济效益	成果的社会效益	有很多的社会效益 无社会效益 成果可预见有一定市场前景 成果未反映出将来可能的市场前景
人才效应	研究骨干年龄构成	团队领导及主要研究骨干为中青年，有较充分的时间和精力 科研团队主研人员以中青年为主 科研团队主研人员没有或极少中青年参与
人才效应	学生的参与及贡献	团队有研究生参与并做好实质性研究工作 团队有研究生参与但作用不大 团队没有研究生参与或未做实质性研究工作
人才效应	引进人才的参与及贡献	引进人才并做实质性工作 引进人才或引进的人才未做实质性工作 未引进人才
投入产出率	项目预期目标或团队既定成果的实现程度	圆满实现预期研究目标，并有新突破 基本实现预期目标 未完全实现预期研究目标
投入产出率	人员投入与工作量	人员投入合理，超额完成单位或课题组要求的工作量 按计划投入研究人员，并完成相应工作量 人员投入不合理，未完成工作量
投入产出率	研究成果与经费投入	与其获得成果相比，经费投入不合理、欠规范 投入经费基本没有成果

(三) 微观：科研人员、科学项目研究绩效评价指标体系

1. 英国帝国理工大学科研人员绩效评价指标体系

人力资源是第一战略资源，如何整合现有的人力资源，最大可能地激发科技人员的积极性、能动性、创造性，使人力资源配置处于最优状态，已经成为科研管理部门的重要任务之一。科研人员的科学研究绩效指标体系是充分激发人力资源的积极性、能动性、创造性的坚强基石，已成为现代科研组织人力资源管理中的核心内容。下面以英国帝国理工大学为例，简要介绍国外对科研人员的评价指标。英国帝国理工大学针对科研人员的科研绩效评价指标体系如表4-3所示❶。

表4-3 英国帝国理工大学科研人员绩效评价指标体系

科研人员绩效评价指标体系	任期内研究活动的水平
	任期内出版物的数量与范围广度
	研究与出版物的质量
	争取研究经费的能力
	吸引学生、研究助理和职工的能力
	寻找既具有创新性又具有可行性项目的能力
	设计与管理研究项目的能力
	领导与管理研究队伍的能力
	具体项目与任务的按时完成率
	同行的评价（如学术会议邀请报告、对研讨会的贡献和外部评审者等）
	对科学咨询的贡献
	来自研究结果的实际报酬（如专利等）

2. 科研项目的绩效评价指标体系

科研项目的成功是实施科研项目的最高目标，一切围绕项目开展的科研工作都是促成科研项目成功的手段。科研项目的定义应该包含三个层次的含义：

---

❶ 张先恩，等.科学技术评价理论与实践 [M].北京：科学出版社，2008：123-125.

①科研项目是一个科研过程，而不只是指科研过程终结后所形成的科研成果。②任何科研项目的实施都会受到一定的科研条件约束，这些条件是来自多方面的，如环境、资源、理念等。在众多的约束条件中，质量、进度、费用是在项目实施中普遍存在的三个主要的科研约束条件。③功能的实现、质量的可靠、数量的饱满、技术指标的稳定，是任何可交付科研项目必须满足的要求。

项目管理的科学研究绩效指标不仅要表现为保证科研项目的成效，使得项目按时、保质、保量地完成，还表现为在科研项目进行的过程中，注重对人员的管理，提高课题组承接科研项目的能力。具体来说，就是通过进行时间管理、团队管理和工作关系良好处理，不断提高小组成员的业务素质，提高课题组的战斗力。

项目管理的科学研究绩效评价指标体系在科技管理工作中具有重要的作用，表现在以下三方面：①为相关部门今后支持高质量的科学研究项目提供科学依据，从而提高支持项目的判断力；②为科研单位强化科技项目的实施过程、中期成果、最终成果及成果的转化推广等提供科学数据；③为展示国家、主管部门和科研单位的科技创新成果提供令人信服的资料，同时还可展示科技管理部门对公众科技经费的使用效益和管理水平。

西北工业大学的潘杰义和刘西林在2004年提出了科研项目综合绩效评价指标体系，见表4-4[1]。

表4-4 潘杰义和刘西林提出的科研项目综合绩效评价指标体系

一级指标	二级指标
技术价值分析	技术路线可行性 技术先进性 技术风险程度 科技影响程度 成果的最终水平 成果的最终形式

---

[1] 潘杰义，刘西林. 科研项目指标体系及模糊优选决策模型研究 [J]. 科学学与科技管理，2004（1）：9-11.

续表

一级指标	二级指标
效益分析	社会效益 经济效益 环境效益
资源分析	国内外技术支持 人才资源 资金资源 信息资源
法律分析	项目保密性 项目知识产权保护
需求分析	经济需求 社会需求 环境需求 政策支持
科研开放条件	人员素质 设施仪器情况 与项目相关科技成果
市场分析	产业化前景 应用推广领域 成果转化程度
组织管理	管理能力 团队合作 经费使用 资信情况

第二节 校本化教育科研绩效指标的确立

一、校本化教育科研绩效维度选择

根据前章关于校本化教育科研绩效的产生机制研究可以看出，除科研任务直接的产出结果外,科研过程中多维目标的达成也是科研绩效的反映。已有相关中小学科研绩效评价研究的成果和实践或只重视学校教育科研结果,对科研过程视而不见,忽略了在研究过程中"组织的研究能力提升"这一学校教育科研的绩效特征;或重视了科研过程相关工作的齐备性、投入的丰富性,如是否有开题程序、多少资金支持等,但并不能从"效"的层面揭示学校教育科研的质量。所谓"效",现代汉语词典的解释为"功用",校本化教育科研主要过程环节的主要活动是否对于取得新知、改进实践、提升能力起到切实作用才是绩效指标关注的重点。

作为一项组织层面的活动,校本化教育科研的主要过程环节应在哪些方面体现哪些"效"呢?管理学中关于绩效的众多研究表明,反映组织行为有效性的最主要维度体现在以下四方面:工作最终任务目标的实现;工作过程中员工对于追求组织目标实现的自觉性与投入度;工作过程中合力的形成与矛盾的化解;工作过程中的学习能力与创新能力[1]。因此,研究试图把校本化教育科研绩效相应地划分为任务绩效、关系绩效、适应绩效和学习绩效,从不同维度判断学校教育科研过程对于科研目标达成的有效程度。

(1) 任务绩效是组织所规定的行为,是与特定工作中核心的技术活动有关的所有行为。表现在校本化科研绩效上主要是指学校教育科研的直接产出及其效果,即通过科研课题、项目、活动得到了什么新的方法、方案、工具、策略以及行动改进。

(2) 关系绩效则是员工自发的行为,是体现组织公民性、亲社会性、组织奉献精神等与特定任务无关的绩效行为,它不直接增加核心的技术活动,但却为核心的技术活动保持广泛组织的、社会的和心理的环境。表现在校本化科研绩效上主要是指教师参与科研活动的态度与表现,比如积极与否、投入与否、自律与否等,虽然不是直接的科研产出,但却是科研氛围的重要内容,也是科研能力的基础之一。

(3) 适应性绩效可理解为在实现组织目标过程中个人、人际、人与工作

---

[1] 蔡永红,林崇德. 绩效评估研究的现状及其反思 [J]. 北京师范大学学报(人文社会科学版), 2001 (4): 119–126.

任务、人与组织文化等方面化解问题与矛盾、选择有利于组织目标实现的行为。表现在校本化科研绩效上是指学校作为一个科研整体，能否很好地组织管理这些科研内容与过程，使其运行更为顺畅，阻力最小化，产生更大的科研合力。学校科研不是教师个人单兵作战，而是集体攻关，产生校本化教育公共知识，形成组织集体智慧，适应性绩效是校本化科研效果保障和深层能力的联合体现。

（4）学习绩效是组织成员主动获取、分享知识以提高专业能力从而贡献于组织目标实现的行为。体现在校本化教育科研上表现为科研过程中的文献、理论、他人经验的学习成效。对于专业研究机构来说，学习绩效可能是科研绩效的前提，但是对于U-S合作中的中小学校来说，学习本身就是科研的成效之一，通过学习教育理论、科研方法，教师们的科研能力才能够得到提升。

二、校本化教育科研绩效的指标筛选

为研究校本化教育科研各维度绩效下应设立哪些具体指标，进行了两步研究。

第一步，探索绩效特征。

以校本化科研的实际运行进程为基础，探寻每一步实际效果的集中体现，收集能够反映校本化科研绩效的关键特征。具体方法是，对90份通过专家初审的2011年北京市科研先进校申报材料进行了文本分析，对反映学校科研绩效的关键词句进行提取，得到科研活动9个环节的主要绩效要素56个，具体如表4-5所示。

表4-5 基于校本化教育科研环节的绩效特征

绩效环节	绩效特征
选题导向	（1）有共同的价值理念指导研究 （2）研究方向是领导、教师讨论共识 （3）对学校现阶段问题准确判断

续表

绩效环节	绩效特征
选题导向	（4）选题为学校急需解决的问题 （5）选题为普遍难点问题 （6）在教学中发现问题 （7）围绕学校研究主题建立研究体系 （8）研究问题多元互补 （9）研究主题具有年度连续性和发展性
研究的组织	（1）校长及班子成员为核心课题负责人 （2）校中层领导以下教师担任区级以上课题负责人 （3）根据教师能力与兴趣分层分类分配研究任务 （4）形成科研骨干 （5）教学科研活动相互融合 （6）有常规化制度化集体研究活动 （7）有自发性非常规化研讨 （8）有全校性科研交流、展示、汇报活动 （9）科研工作的规范、程序、权责有章可循 （10）科研组织与管理机构在指导和监督方面实效性强 （11）能够克服困难坚持实施
研究的保障	（1）能够提供相关度高的学习资料 （2）能够提供相关度高的基础性或拓展性培训 （3）研究时间有制度性保障 （4）学习制度化 （5）有校外专家提供智力支持 （6）有家长参与和支持 （7）有明确的经费支持
研究的激励	（1）有检查、评比、评选、展示机制 （2）教师研究的主动性、自觉性高 （3）教师问题意识和专业敏感度高 （4）教师科研参与率高
知识调动	（1）有明确的知识学习内容 （2）有教师对已有知识的再加工 （3）教师能够结合实践理解理论 （4）教师自主学习能力增强

续表

绩效环节	绩效特征
设计变革	(1) 经过专家、教师共同论证 (2) 研究内容分解合理、具体、可操作 (3) 通过理论演绎或调查数据发现变革的内在需求或依据（了解研究对象基本特点）
验证设计	(1) 变革结果最终可在教学或教育活动中体现 (2) 有表格、文字或图像等形式的过程性数据记录 (3) 教师分工合作
分析结果	(1) 讨论中有多元化观点 (2) 有对原设计的调整 (3) 形成一致性结论 (4) 发现基于一致性结论的生成性变式 (5) 教师总结反思能力增强
固化成果	(1) 深化或更新对研究对象的认识 (2) 课程、教学、管理具体形式变革举措成为常态或制度化 (3) 学生发展效果明显提高 (4) 增强全体师生对学校文化的认同感 (5) 召开区级以上专题研讨会 (6) 在区级以上范围介绍经验 (7) 有学校前来参观学习 (8) 成果正式出版 (9) 成果在区级以上获奖

上述绩效特征符合目前阶段学校科研的现状，是学校能够做到并且认为能够反映学校科研水平的要素，但内容依然比较散碎，需要进一步整合提炼。

第二步，提炼关键指标。

基于实践层面的关键因素收集，继续合并、整合有关内容，通过德尔菲法提炼出关键指标。具体方法是，聘请5位专家（师范类高校1位、市级教育研究院所1位、区级教育研究院所1位、中学1位、小学1位），采用德尔菲法对前期中小学校科研绩效要素进行进一步提取、排除与整合，最终筛选出分别与任务绩效、关系绩效、适应绩效、学习绩效相匹配的16项要素作为中小学校教育科研绩效的指标。这些指标包括：设立核心课题、课题成为体系、科研活动常态、校长参与研究、科研骨干队伍、分工协作团队、主动同伴互助、自觉反思小结、所有教师参与、组织专题培训、学习需求申报、培训切实有效、遵守科研规范、结论明晰可行、改进原有举措、成果被授奖项。

初步建立校本化教育科研绩效指标体系的概念模型为表4-6所示。

表4-6 校本化教育科研绩效指标体系概念模型

绩效维度	绩效指标
任务绩效	设立核心课题 科研活动常态 结论明晰可行 改进原有举措 成果被授奖项
关系绩效	分工协作团队 主动同伴互助 自觉反思小结 遵守科研规范 课题成为体系
适应绩效	校长参与研究 科研骨干队伍 所有教师参与
学习绩效	组织专题培训 学习需求申报 培训切实有效

三、校本化教育科研绩效指标验证

在形成校本化教育科研绩效指标结构概念模型后需要对其进行验证性分析。具体方法是，根据专家筛选指标编制中小学教育科研绩效结构特征调查问卷，采用五点计分法征询被试对于该指标的认同度。问卷向北京市6个区县的480名基层科研骨干进行发放，这6个区县包含4城区和2郊区，所有科研骨干来自不同学校，学校类型涉及小学、初中、高中、完中和区县科研机构，每所学校都有不同程度与高校合作研究的经历。由于问卷依托各区科研工作会议进行发放，故回收率为100%，有效率为100%。调查对象基本情况见表4-7。

表4-7 校本化教育科研绩效指标调查对象统计学构成（$N=480$）

变量	类别	百分比（%）
单位	小学	53
	中学	42
	区县科研指导机构	5
位置	城区	68
	郊区	32
教龄	0	2
	1~5年	7
	6~15年	68
	15年以上	23
科研工作年限	0~2年	5
	3~5年	21
	6~10年	70
	11年以上	4

用AMOS17.0对问卷结果进行统计分析，删除部分题目后，最终得到图4-1所示的模型。

运用AMOS17.0对校本化教育科研绩效指标结构模型进行验证，结果显示，指标载荷均大于0.5，说明任务绩效、关系绩效、适应绩效、学习绩效四维度能够很好地反映中小学教育科研绩效的结构，而每一维度下的指标也能够很好地反映和代表此一维度的内容。验证性分析中卡方（X^2）为132.934，自由度（df）为98，p为0.011，GFI为0.913，IFI为0.916，TLI为0.891，CFI为0.911，RMSEA为0.077，这说明目前四维度十六指标的绩效模型在统计学意义上能够较好地反映出中小学校教育科研绩效结构，前期假设通过了检验。

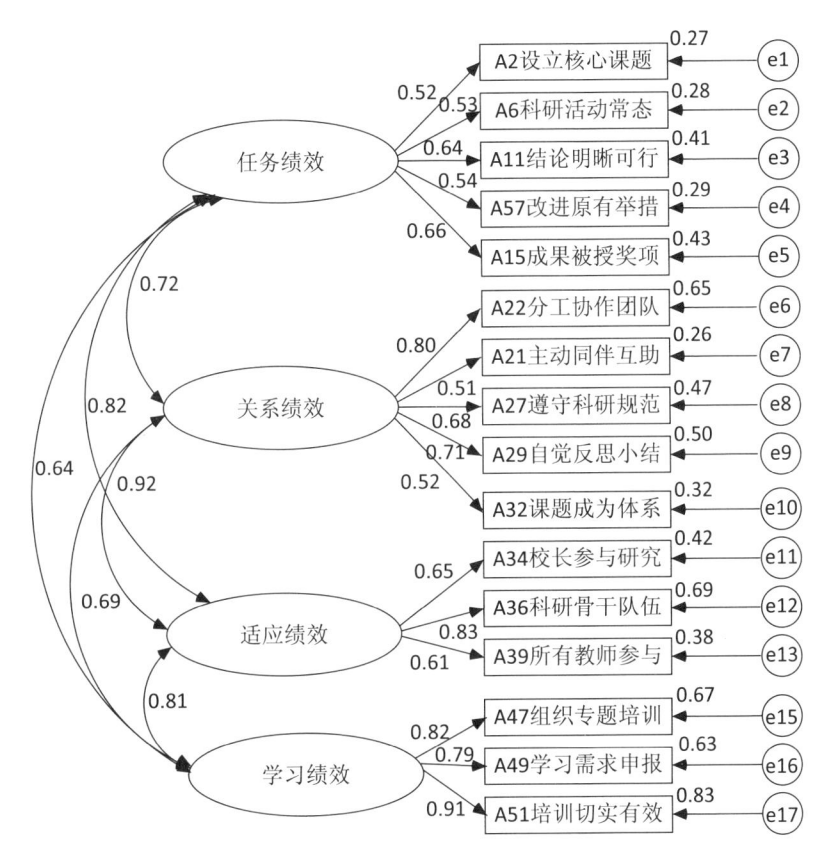

图4-1 校本化教育科研绩效指标结构模型

四、校本化教育科研绩效评价指标权重确定

校本化教育科研绩效评价指标对于反映校本化教育科研绩效的重要程度不尽相同，因此，需要通过科学方法确定各个指标权重，最终建立完整的指标体系。

（一）层次分析法（AHP）原理与步骤

（1）建立层次分析结构。首先要把问题条理化、层次化，构造出一个有层次分析的结构模型。在这样的结构模型中，决策问题被分解为元素，这些元素组成阶梯状结构，上一层次对相邻的下一层次的全部或部分元素起支配作用，这样就形成了层次间自上而下的支配关系，也即递阶层次关系。递阶层次结构的层次数与问题的复杂程度及需要分析的相近程度有关,一般而言层次数不受限制,但每一层次中各元素所支配的元素不要超过9个,这是因为支配的元素过多会给两两比较带来问题。

(2)构造成对比较判断矩阵。在建立递阶层次结构以后,就确定了上下层元素间的隶属关系,然后要确定各层次元素的权重。Satty等人建议采取对因子进行两两比较建立成对比较矩阵的办法。一般采用1~9及其倒数的标度方法。相互比较因素的比较规则为:因素 I 与因素 J,若同样重要,则赋值1;稍微重要,则赋值3;明显重要,则赋值5;强烈重要,则赋值7;极端重要,则赋值9;上述两相邻判断的中值则分别取2、4、6、8。

假定上一层的元素 B_k 作为准则,对于下一层元素 C_1,C_2,…,C_n 有支配关系,则要在准则 B_k 下按它们的相对重要性赋予 C_1,C_2,…,C_n 相应的权重。一般来说,构造的判断矩阵取如下形式:$C = (C_{ij})_{n \times n}$。

B_k	C_1	C_2	$\cdots$	C_n
C_1	C_{11}	C_{12}	$\cdots$	C_{1n}
C_2	C_{21}	C_{22}	$\cdots$	C_{2n}
$\vdots$	$\vdots$	$\vdots$		$\vdots$
C_n	C_{n1}	C_{n2}	$\cdots$	C_{nn}

(3)计算单排序权向量并做一致性检验。比较判断矩阵是评价者通过两两比较得到的,但评价者往往很难判断出比较判断矩阵中各元素的值,而只能对它们进行估计。如果在估计时偏差过大,出现严重的思维判断不一致的情况,就必须对比较判断矩阵进行修正。构建成对比较矩阵的方法虽然能减少其他因素的干扰,较客观地反映出一对因子影响力的差别。但综合全部比较结果时,其中难免包含一定程度的非一致性。因此,对决策者提供的判断矩阵有必要做一次一致性检验。只有通过一致性检验的比较判断矩阵才被认为是有效的,否则就应当进行修正。检验步骤如下:

如果正反矩阵 C 满足，若对任意 i, j, k 均有

$$c_{ij} \cdot c_{jk} = c_{ik}, \quad i, j, k = 1, 2, \cdots, n$$

则称矩阵 C 为一致性矩阵，简称一致阵。在实际的研究工作中，由于上述构造的判断矩阵并不一定具有一致性，常常需要进行一致性检验，判断该矩阵的一致性程度。

当矩阵具有完全一致性时，$\lambda_1 = \lambda_{max} = n$，其余特征根均为零；而当矩阵不具有完全一致性时，则有 $\lambda_1 = \lambda_{max} > n$，其余特征根 λ_2, λ_3, $\cdots$, λ_n 有如下关系：$\sum_{i=2}^{n} \lambda_i = n - \lambda_{max}$。因此，在层次分析法中引入判断矩阵最大特征根以外的其余特征根的负平均值，作为度量判断矩阵偏离一致性的指标，即用 $CI = \dfrac{\lambda_{max} - n}{n - 1}$。

CI 值越大，表明判断矩阵偏离完全一致性的程度越大；CI 值越小（接近于 0），表明矩阵具有的一致性越好。

对于不同阶的判断矩阵，一致性误差不同，其中 CI 值的要求也不同。衡量不同阶判断矩阵是否具有满意的一致性，引入判断矩阵的平均随机一致性指标 RI 值。对于 1~11 阶判断矩阵，RI 的值分别列于表 4-8 中。

表4-8　平均随机一致性指标

N	1	2	3	4	5	6	7	8	9	10	11
RI	0.00	0.00	0.58	0.90	1.12	1.24	1.32	1.41	1.45	1.49	1.51

对于 1，2 阶判断矩阵，RI 只是形式上的，因为 1，2 阶判断矩阵总是具有完全一致性。当阶数大于 2 时，判断矩阵的一致性指标 CI 与同阶平均随机一致性指标 RI 之比称为随机一致性比率，记为 CR。当 $CR = \dfrac{CI}{RI} < 0.10$ 时，即认为判断矩阵具有满意的一致性，否则就需要调整判断矩阵，使之具有满意的一致性。

本研究采用 MATLAB 计算软件的 eig( ) 命令计算判断矩阵的最大特征根及其对应的特征向量。

(二) 校本化教育科研绩效指标权重确定

1. 建立层次结构模型 (图 4-1)

2. 构造成对比较判断矩阵

以一级指标权重计算为例：本次研究共邀请 5 名专家根据上述 AHP 规则对各指标进行分析判断，他们分别是专职教育科研人员 3 名、中学校长 1 名、小学校长 1 名。继而对专家个体判断矩阵中的极端判断信息进行剔除，具体过程为：首先计算所有专家个体判断矩阵中每一信息元素的算术平均数和标准差，其次剔除超过算术平均数 2 个标准差以外的个体判断信息，然后再次计算算术平均数，以此作为本研究专家群体对这一指标的综合判断信息，最后综合成专家群体判断矩阵，如表 4-9 所示。

表4-9　校本化教育科研绩效评价一级指标判断矩阵

	任务绩效	关系绩效	适应绩效	学习绩效
任务绩效	1	4/3	8/3	8/3
关系绩效	3/4	1	2	2
适应绩效	3/8	1/2	1	1
学习绩效	3/8	1/2	1	1

3. 计算单排序权向量并做一致性检验

在校本化教育科研绩效评价一级指标专家群体判断矩阵基础上，运用 MATLAB 软件 eig( ) 程序计算该判断矩阵的最大特征根 $\lambda_{max}=4$ 及相应的标准化特征向量 $W = [0.27, 0.55, 0.18]^T$。

一致性指标：

$$CI = \frac{\lambda_{max} - n}{n - 1} = \frac{4 - 4}{4 - 1} = 0$$

一致性比率：

$$CR = \frac{CI}{RI} = \frac{0}{0.90} = 0 < 0.10$$

因此认为该专家综合判断矩阵具有满意的一致性，计算出来的特征向量是认可的，即中小学校教育科研效果绩效评价各一级指标的权重如表4-10所示。

表4-10 校本化教育科研绩效一级指标权重设置

一级指标	任务绩效	关系绩效	适应绩效	学习绩效
权重	0.40	0.30	0.15	0.15

同理，表4-11~表4-14分别给出一级指标所属二级指标的比较矩阵。

表4-11 任务绩效所属二级指标的比较矩阵

	设立核心课题	科研活动常态	结论明晰可行	改进原有举措	成果被授奖项
设立核心课题	1	1/2	1/2	1/3	1
科研活动成常态	2	1	1	2/3	2
研究结论明晰可行	2	1	1	2/3	2
改进原有举措	3	3/2	3/2	1	3
成果被授奖项	1	1/2	1/2	1/3	1

表4-12 关系绩效所属二级指标的比较矩阵

	分工协作团队	主动同伴互助	遵守科研规范	自觉反思小结	课题成为体系
分工协作团队	1	2	1	2/3	2
主动同伴互助	1/2	1	1/2	1/3	1
遵守科研规范	1	2	1	2/3	2
自觉反思小结	3/2	3	3/2	1	3
课题成为体系	1/2	1	1/2	1/3	1

表4-13　适应绩效所属二级指标的比较矩阵

	校长参与研究	科研骨干队伍	所有教师参与
校长参与研究	1	9/7	9/4
科研骨干队伍	7/9	1	7/4
所有教师参与	4/9	4/7	1

表4-14　学习绩效所属二级指标的比较矩阵

	组织专题培训	学习需求申报	培训切实有效
组织专题培训	1	3/2	3/5
学习需求申报	2/3	1	2/5
培训切实有效	5/3	5/2	1

以任务绩效二级指标权重计算为例：在判断矩阵基础上，运用MATLAB软件eig( )程序分别计算一级指标对应的二级指标的判断矩阵的最大特征值 $\lambda_{max}=5$ 及相应的标准化特征向量 $\boldsymbol{W} = [0.11, 0.22, 0.22, 0.33, 0.11]^T$。

一致性指标：

$$CI = \frac{\lambda_{max} - n}{n - 1} = \frac{5 - 5}{5 - 1} = 0$$

一致性比率：

$$CR = \frac{CI}{RI} = \frac{0}{1.12} = 0 < 0.10$$

因此认为该专家综合判断矩阵具有满意的一致性，计算出来的特征向量是认可的，即任务绩效对应各二级指标的权重如表4-15所示。

表4-15　任务绩效对应的二级指标权重设置

二级指标	设立核心课题	科研活动常态	结论明晰可行	改进原有举措	成果被授奖项
权重	0.11	0.22	0.22	0.33	0.11

同理可求出关系绩效、适应绩效和学习绩效对应的二级指标权重如表4-16~表4-18所示。

表4-16 关系绩效对应的二级指标权重设置

二级指标	分工协作团队	主动同伴互助	遵守科研规范	自觉反思小结	课题成为体系
权重	0.22	0.11	0.22	0.33	0.11

表4-17 适应绩效对应的二级指标权重设置

二级指标	校长参与研究	科研骨干队伍	所有教师参与
权重	0.45	0.35	0.20

表4-18 学习绩效对应的二级指标权重设置

二级指标	组织专题培训	学习需求申报	培训切实有效
权重	0.30	0.20	0.50

最终得出校本化教育科研绩效评价指标体系的所有权重，如表4-19所示。

表4-19 校本化教育科研绩效评价指标权重设置

一级指标	权重	二级指标	权重
任务绩效（核心任务的完成）	0.40	设立核心课题	0.11
		科研活动常态	0.22
		结论明晰可行	0.22
		改进原有举措	0.33
		成果被授奖项	0.11

续表

一级指标	权重	二级指标	权重
关系绩效 （组织成员的参与态度）	0.30	分工协作团队	0.22
		主动同伴互助	0.11
		遵守科研规范	0.22
		自觉反思小结	0.33
		课题成为体系	0.11
适应绩效 （目标的一致性）	0.15	校长参与研究	0.45
		科研骨干队伍	0.35
		所有教师参与	0.20
学习绩效 （专业能力获得）	0.15	组织专题培训	0.30
		学习需求申报	0.20
		培训切实有效	0.50

第五章

U-S 合作中校本化教育科研绩效评价的方法选择与实际应用

U-S 合作研究是在整体或局部领域对中小学的教育认识与实践实施探究活动，只有真正能够在理念、方法、行为等多个方面真正被中小学教师所接受和实施的研究才具有连通理论与实践的价值。U-S 双方达成共识，产生了教育教学改进的需求和尝试，U-S 的合作研究才能够实现"校本化"，其绩效也才能够得以体现。通过合作研究，不仅解决了具体的研究问题，而且提升了教师们的研究素养，为进一步的研究奠定了基础。因此，U-S 合作中教育科研在中小学校产生的影响效果不仅反映了合作研究对于中小学的效用，也反映了高校科研的实际成效。选择适当方法对校本化教育科研绩效进行测评，能够反映出以学校科研能力和水平为表征的 U-S 合作实际成效。

第一节 科研绩效评价常用方法

科研绩效评价采用的方法很多，在具体的评价实践中，往往要根据不同的目的和对象确定不同的方法。科研绩效评价的目的是降低科研成本，提高科研效率，因而在选择评价方法时必须考虑应用成本的因素。一般来说，在其他方面相似的情形下，应选择比较容易实施的分析方法，这不仅可以减少评价误差，还可以减少评价成本和评价实施的难度，提高评价的可靠性和有效性。

一、科研绩效的定性评价方法

（一）同行评议

同行评议是以评议专家的主管判断为基础的一种评议方法，英文表述为 peer review。其特点是同行专家通过对某一学科有较深入的了解和丰富的知识来对一项成果的价值做出评议和判断。同行评议具有以下功能：

第一，判断功能。同行评议的基本功能是判断，也就是判断客体所具有的价值及其对主体的满足程度。《国家自然科学基金项目管理规定》中规定"同行评议是指同行评议专家对申请项目的创新性、研究价值、研究目标、研究方案等做出独立的判断和评价"。在评议中，判断主要表现为两种类型，一是要做出是否有价值的判断；二是要做出价值的大小和满足程度的判断。

第二，选择功能。选择功能主要表现为根据主体要求，对若干个客体所具有的价值在满足主体要求的程度上进行比较、排出顺序或选择出满足程度最高者。在一些竞争性评选中，同行评议的选择功能表现得尤为突出。

第三，预测功能。预测功能是通过评议活动预测科研成果经过某种努力可能获得的价值。例如，在科技计划与项目管理的过程中，都需要利用评议的预测功能，在立项前要根据计划中的投资、技术路线、研究团队、研究条件、应用前景等估计，预测原定目标是否能够实现。

第四，导向功能。评议活动的目的不仅是描述和判断实践活动的价值，也是对被评议者的一种引导，使之朝着符合价值主体目标的方向发展。在实践中、同行评议专家常常通过同行评议活动本身，通过在同行评议中使用的指标、指标的增删及其权重的选择，向被评议者发出引导性信号。因此，导向功能也是评议活动的最基本、最重要的功能之一。

目前，同行评议已经成为科学界最常用的评价方法。科学家常常采用同行评议方法验证科研工作的正确性，证实研究成果的合理性，评定科学基金的发放，决定科学奖励的颁发、论文在期刊的发表，以及决定各种专业职称的评定、学位的授予等。

科学研究是不可能一步到位的，科学家提出的理论，一开始都是一个假说，必须要经过反复的检验来进行论证。而这个论证需要一定的专业知识，所以必须是在科研工作者的内部进行。只有众多科研工作者群策群力，才能论证科学技术研究成果的真实性和可行性。"同行评议"的关键在于"同行"。著名科学史和科学哲学家库恩曾指出："一个专业的同行就是科学共同体。"直观地看，科学共同体是由一些学有专长的实际工作者所组成的。他们与他们所受教育和训练中的共同因素结合在一起，他们自认为也被人认为专门探索一些共同的目标，培养自己这样的接班人。这种共同体具有这样一些特点：内部交流比较充分，专业方面的看法也较一致。不同的共同体总是注意不同的问题，所以超出集团范围进行业务交流很困难，常常引起误会，勉强进行还会造成严重分歧。《国家自然科学基金项目管理规定》中也明确规定："基金项目的评审一般按照初审、同行专家评议、专家评审组或专业委员会评审的程序进行。"所以"同行评议"是科学共同体的一种行为体现。尽管这是一种主观的方法，但是由于科学家形成了较高的科学道德水准，同行评议制成为科研工作者的基本评价制度，到目前为止还没有找到可以取代它的更好的评价方法。

（二）360 度绩效评价

360 度绩效评价又称维度测评法，一般用于中观和微观的科研绩效评价。由于科研活动是一个复杂的过程，影响其绩效的因素很多，因此，对团队的评价需要多主体、全方位进行，最好采用"多主体"过程评价，即确定科研绩效的评价主体为团队领导、组织领导、同级组织科研团队、团队内部其他成员、团队成员个体及相关的团队客户。其中，团队成员个体不仅是绩效评价的主体，同时也是评价的客体。

可以从两个方面来确定团队的绩效评价维度，一个倾向于绩效达成的过程，即从工作流程的角度；另一个倾向于绩效的最终结果，即从组织绩效目标的角度。最后，剔除一些不合理的并且合并重复的因子，将从这两个方面得到的维度综合起来。

首先可以采用 KPI 分析方法（Key Performance Index）。KPI 是指关键绩效指标，是把组织的战略目标分解为可操作的目标的工具。其操作程序如下：①了解组织的战略目标；②通过头脑风暴法、鱼骨分析法等确定业务重点，即组织的关键成果领域；③再通过头脑风暴法确定组织关键成功领域的 KPI，这是组织级 KPI；④各团队对组织级 KPI 进行再分解，确定相关的要素目标，即团队级的 KPI。这个角度主要涉及绩效评价内容的工作业绩评价。这样，整个过程就确保了团队朝着组织战略目标的方向努力，也就保证了团队绩效和组织绩效的整合。然后通过角色—业绩矩阵（见表5-1）将团队绩效和成员绩效统一起来，最终保证科研组织绩效、科研团队绩效和科研人员绩效三者的整合。

表5-1　角色—业绩矩阵

团队绩效 团队成员	团队绩效 维度1	团队绩效 维度2	团队绩效 维度3	团队绩效 维度4
团队成员 A				
团队成员 B				
团队成员 C				

（三）德尔菲法

德尔菲法最早出现于20世纪50年代末，是当时美国为了预测在其遭受原子弹轰炸后，可能出现的结果而发明的一种方法。1964年美国兰德公司的赫尔默和戈登发表了《长远预测研究报告》，首次将德尔菲法用于技术预测中，后来该方法被迅速用于美国和许多其他国家。除科技领域之外，该方法还几乎可以用于任何领域的预测，如军事预测、人口预测、医疗保健预测、经营和需求预测、教育预测等。此外，该方法还被用来进行各种评价、决策和长远规划工作。

德尔菲法的基本程序按其原理可概括为以下四个步骤。

第一步，筹划工作。筹划工作包括：确定预测的课题及各预测项目；组织情报分析人员负责预测组织工作；选择预测专家。其中要选择对所预测课题领域有深入了解的专家。专家人数多少可根据预测课题的大小和涉及面的宽窄而定，一般不超过20人。

第二步，专家预测。分析人员把待预测项目的预测表和有关背景材料送到各位专家手里，各专家采用匿名方式对问题进行判断和预测，专家之间、专家和预测项目负责人之间不能进行沟通交流。

第三步，统计反馈。在专家提交预测表后，对专家意见进行汇总，情报分析人员对各专家意见进行统计分析，综合成新预测表。然后再一次送到各位专家手里，由他们对新的预测表进行第二轮的判断或预测。如此反复须经过几轮，通常为3轮或4轮，直至专家的意见基本趋于一致。

第四步，描述结果。分析人员把经过几轮专家预测形成的最后结论，以文字或者图表的形式表示出来。为了消除被征求意见成员间的相互影响，参加的专家可以互不了解。运用背靠背交流的方式，这样可以充分发挥专家们的个人智慧、知识和经验，最后汇总得出一个比较能反映群体意志的预测结果。将德尔菲法用流程图的形式表示，如图5-1所示。征询往往采用问卷调查的形式，征询表格要精心设计，问题要浅显易懂、易于回答，征询表格的形式总是要求专家给予数量的回答，表5-2就是一种典型的德尔菲法调查表。一般来说，征询的次数不宜过多，否则，容易使被咨询者产生厌倦心理。

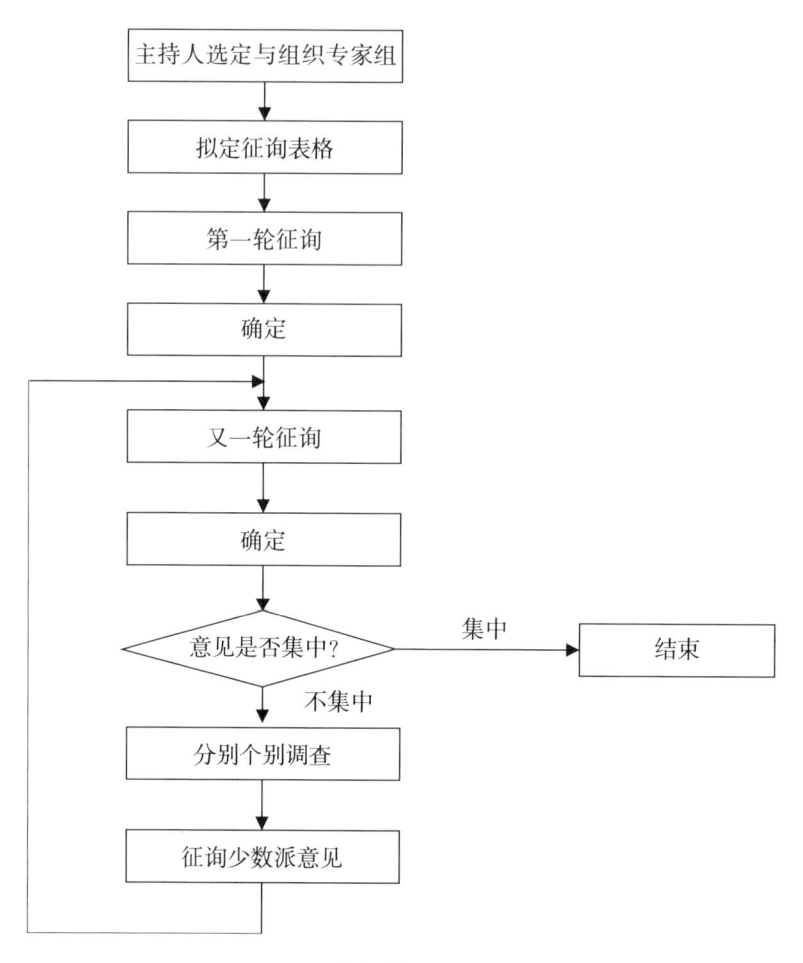

图5-1 德尔菲法的基本思想

表5-2 德尔菲法调查表示例

程度	很好	较好	一般	较差	很差
得分	5	4	3	2	1

二、科研绩效的定量评价方法

(一) 文献计量分析法

文献计量用于分析科学研究活动始于19世纪末20世纪初，20世纪30~

50 年代，有关文献特征的布拉德福（Bradford）定律、洛特卡（Lotka）定律、普赖斯（Price）定律等为文献计量学的发展奠定了坚实的基础，从此以后文献计量分析法在各国迅速发展。

以文献为主要研究对象，采用数学、统计学方法对文献进行定量分析，通过分析待定专题文献的分布与数量增长情况、数量与时间的关系、文献之间的引用情况等，研究文献的变化规律，从而探讨科研的某些结构、特征和规律，由此产生了用文献计量学研究方法对科研活动进行评价的可行性和可能性。

文献计量法是一种广泛应用于科学研究活动的定量评价方法，它利用的文献特征主要有：科技论文（专著）的数量与分布、专利的数目；科技论文的引证、引用率、平均被引次数、文献被检索系统收录情况；文献的半衰期；一些衍生指标，如获奖情况等。

文献计量法一般着重探讨文献增长规律、引文分析、期刊影响因子等几个方面的问题，希望通过文献的这几个方面来判断文献的定量价值。

近年来，很多人在科技文献评价方面开展了评价指标的研究、评价指标权重的研究、建立数学模型、评价分类方法的研究，以及综合指数评价法的合理性研究，形成了综合指数评价法。综合指数评价法从评价科技期刊入手，评价期刊的指标是来自该刊全部论文的统计数据，因此，评价期刊的质量指标值"综合指数"也是该刊论文的平均指标值。用"综合指数"来反映科技文献的质量水平，从而为科学研究的定量评价及绩效评价创造了条件。

（二）主成分分析法

主成分分析法（Principal Component Analysis）是多元统计分析的重要组成部分，是英国著名的心理学家、统计学家斯皮尔曼（Chales Spearman）于 1904 年发明的。它是将多个变量通过线性变换选出较少个数重要变量的一种多元统计分析方法，又称主分量分析。在进行多变量绩效评价的实践和研究时，获得所有变量的样本观测数据以后，首先遇到的一个问题是变量个数和观测数据很多。如何对这些变量和观测数据进行有效的处理，并从中得到尽可能多的有用信息,是绩效评价研究中面临的一个必须解决的重要问题。

主成分分析法是一种降维的统计方法,它借助于一个正交变换,将其分量相关的原随机向量转化成其分量不相关的新随机向量,这在代数上表现为将原随机向量的协方差阵变换成对角形阵,在几何上表现为将原坐标系变换成新的正交坐标系,使之指向样本点散布最开的 P 个正交方向,然后对多维变量系统进行降维处理,使之能以一个较高的精度转换成低维变量系统,再通过构造适当的价值函数,进一步把低维系统转化成一维系统。

主成分分析的原理是设法将原来变量重新组合成一组新的相互无关的几个综合变量,同时根据实际需要从中可以取出几个较少的综合变量尽可能多地反映原来变量的信息的统计方法,叫作主成分分析或主分量分析,也是数学上处理降维的一种方法。主成分分析是设法将原来众多具有一定相关性指标(比如 P 个指标),重新组合成一组新的互相无关的综合指标来代替原来的指标。通常数学上的处理就是将原来 P 个指标作线性组合,作为新的综合指标。最经典的做法就是用 F_1(选取的第一个线性组合,即第一个综合指标)的方差来表达,即 $Va(rF_1)$ 越大,表示 F_1 包含的信息越多。因此在所有的线性组合中选取的 F_1 应该是方差最大的,故称 F_1 为第一主成分。如果第一主成分不足以代表原来 P 个指标的信息,再考虑选取 F_2 即选第二个线性组合,为了有效地反映原来的信息,F_1 已有的信息就不需要再出现在 F_2 中,用数学语言表达就是要求 $Cov(F_1, F_2) = 0$,则称 F_2 为第二主成分,以此类推可以构造出第三、第四至第 P 个主成分。

(三) 层次分析法

层次分析法(Analytic Hierarchy Process,AHP)是美国运筹学家、匹兹堡大学教授萨蒂(T. L. Saty)提出的一种在处理复杂的评价(决策)问题中,进行方案排序的方法,其核心思想是把复杂的评价问题层次化,把评价问题按评价目标、评价领域、评价指标的顺序分解为不同层次的结构。上一层元素对相邻的下一层次的全部或部分元素起支配作用。然后通过求判断矩阵特征向量的办法,求得每层的各元素对上一层次某元素的权重,再利用加权和的方法递阶归并,求出最底层(评价指标)相对于最高层(评价总目标）的相对重要性，从而对最底层各元素进行优劣等级的排序。

AHP方法的基本思路是把复杂问题中各种因素通过划分相互联系的有序层次使之条理化；根据客观现实的判断，就每一层次的相对重要性给予定量表示，利用数学方法确定表达每一层次的全部元素相对重要性次序的权值；通过排序结果分析、解决问题。

AHP方法的基本过程是：①建立递阶层次结构模型；②构造出各层次中的所有判断矩阵；③层次单排序及一致性检验；④层次总排序及一致性检验。

科研绩效评价指标体系是一个具有多层次、多指标的复合体系，在这个复合体系中，各层次、各指标的相对重要性各不相同，难以科学确定，常用的经验估值法、专家确定法存在着较大的局限性。层次分析法通过构造判断矩阵，先对单层指标进行权重计算，然后再进行层次间的指标总排序，来确定所有指标因素相对于总指标的相对权重，为确定类似指标体系权重提供了一种很好的解决途径。利用层次分析法，不仅可以降低工作难度，提高指标权重的精确度和科学性，而且通过采取对判断矩阵进行一致性检验等措施，有利于提高权重确定的信度和效度。同时，计算矩阵特征向量时，可以利用和积法、幂法和方根法等多种思路，并可以应用计算机来处理数据，具有较强的可操作性。

三、科研绩效评价的新方法

（一）人工神经网络

在综合项目评价中，目标属性间的关系大多为非线性关系，一般的方法很难描述评价方案各目标间的相互关系，更无法用定量关系式来表达它们之间的权重分配，只能提供各目标的属性特征，以及同类方案以往的评价结构。

人工神经网络方法是利用已有方案及其评价结果，通过学习从典型案例中提取所包含的一般原则，且对不完整信息进行补全，结合所给新方案的特征，对方案直接做出评价。

神经网络的非线性处理能力存在于信息含糊、不完整、矛盾等复杂环境中，它所具有的自学习能力使得传统的专家系统最感困难的知识获取工作转化为网络的变结构调整过程，从而大大方便了知识的记忆和提取。神经网络既具有专家系统的作用，又具有比传统专家更优越的性能。

（二）数据包络分析法

数据包络分析法（Data Envelopment Analysis，DEA）是美国著名运筹学家查恩斯（A. Charnes）于1978年提出的以相对有效概念为基础发展起来的效果评价方法。DEA法以相对效率概念为基础，用于评价具有相同类型的多投入、多产出的决策单元是否技术有效的一种非参数统计方法。其基本思路是把每一个被评价单位作为一个决策单元（Decision Making Units，DMU），再由众多DMU构成被评价群体，通过对投入和产出比例的综合分析，以DMU的各个投入和产出指标的权重为变量进行评价运算，确定有效生产前沿面，并根据各DMU与有效生产前沿面的距离状况，确定各DMU是否对DEA有效，同时还可用投影方法指出非DEA有效或弱DEA有效DMU的原因及应改进的方向和程度。

DEA特别适用于具有多输入多输出的复杂系统，这主要体现为以下几点：

（1）DEA以决策单元各输入、输出的权重为变量，从最有利于决策单元的角度进行评价，避免了确定各指标在优先意义下的权重。

（2）假定每个输入都关联到一个或者多个输出，而且输出、输入之间确实存在某种关系，使用DEA方法不必确定这种关系的显示表达式。

（3）DEA最突出的一点是无需任何权重假设，每一输入输出的权重不是根据评价者的主观认定，而是由决策单元的实际数据求得的最优权重。因此，DEA方法排除了很多主观因素，具有很强的客观性。

由于DEA法不需要预先估计参数，在避免主观因素和简化运算、减少误差等方面有着不可低估的优越性，该方法近年来被广泛运用到绩效评价领域。

(三) 灰色决策评价方法

灰色系统是贫信息的系统，统计方法难以奏效。灰色系统理论能处理贫信息适用于只有少量观测数据的项目。灰色系统理论是我国著名学者邓聚龙于1982年提出的。它的研究对象是"部分信息已知，部分信息未知"的"贫信息"不确定性系统，它通过对部分已知信息的生成、开发，实现对现实世界的确切描述和认识。换句话说，灰色系统理论主要是利用已知信息来确定系统的未知信息，使系统由"灰"变"白"。其最大的特点是对样本量没有严格的要求，不要求服从任何分布。

从目前来看，灰色系统理论主要研究下列几个方面的问题：灰色因素的关联分析、灰色建模、灰色预测、灰色决策、灰色系统分析、灰色系统控制、灰色系统优化等。邓聚龙根据因素间发展态势的相似或相异程度来衡量因素关联程度，提出了关联度分析法。随后，他又提出了灰色多目标决策问题，并对此做了探讨。他首次提出灰靶的概念，即在效果空间中以给定点为中心的某个区域，可看作满意灰色目标集，只要效果点在此区域内，便可以认为方案是满意的。刘思峰阐述了灰靶决策方法，即根据问题的要求确定一个靶心，通过求各方案的靶心距离来给方案排序。潘良明将层次分析法和模式识别技术引入灰色评价中，提出了灰色层次评价法。连育青等人针对模糊综合评价需将所有目标的属性转化为隶属，使已经是白化值的定量指标变为模糊值，导致不同程度信息丢失及出现误差，并且隶属函数很难确定的情况，采用灰色关联分析法进行评价，即只对方案中的灰数指标进行白化处理，而对已经是白化值的属性值直接用于分析，由此保护了已有的信息，减少了误差。

其中，灰色决策评价方法是根据因素之间发展态势的相似或相异程度来衡量因素间关联程度的方法。由于关联度分析方法是按发展趋势进行分析的，因此对样本量的多少没有要求，也不需要有典型的分布规律，计算量小，即使是多个变量（序列）的情况也可用手算，且不至于出现关联度的量化结果与定性分析不一致的情况。它的数学方法是非统计方法，在系统数据资料较少和条件不满足统计要求的情况下更具有实用性。

（四）模糊综合评价法

模糊数学的出现，给科研绩效评价中那些复杂的、难以用精确的数学描述的问题带来了方便而又简单的解决方法。模糊综合评价法是以模糊数学为基础，应用模糊关系合成的原理，将一些边界不清、不易定量的因素定量化，利用多个因素对被评价事物隶属等级状况进行综合性评价的一种方法。综合评判针对评判对象的全体，根据所给的条件，给每个对象赋予一个非负实数——评判指标，再据此排序择优。

模糊综合评价法主要分为两步：第一步先按每个因素单独评判；第二步再按所有因素综合评判。其优点是：数学模型简单，容易掌握，对多因素、多层次的复杂问题评判效果比较好，是别的数学分支和模型难以替代的方法。模糊综合评价方法的特点在于评判逐对进行，对被评对象有唯一的评价值，不受评价对象所出自的对象集合的影响。这种模型应用广泛，在许多方面采用模糊综合评价法的实用模型取得了很好的经济效益和社会效益。

第二节 U-S合作中校本化教育科研绩效评价的实施

在 U-S 合作研究中，中小学教师既是合作的积极参与者，也是合作成效的直接体验者。合作方案能否顺利实施，合作成效是否能在教育教学中体现与固化，教师的体验与判断最为直接。作为参与者与利益相关者，不同教师所形成的反映各自感受的集合建构成关于学校整体科研绩效的评价，这种评价方式符合第四代教育评价理论所倡导的"全面参与""协商建构"的理念。本章研究尝试使用以教师为评价主体的模糊综合法对校本化教育科研绩效进行评价。研究意义一方面在于找到科学评价校本化教育科研绩效的方法，另一方面也为下一步研究做好了数据准备。

一、评价的理论基础

教育评价的理论发展大致经历了测量时代、描述时代、判断时代与建构时代四大阶段。1989年，库巴和林肯出版了《第四代评价》的专著，在反思、批判传统评价理论的基础上，提出了"第四代评价理论"。库巴和林肯认为，前三代评价理论的不足之处在于：一是评价的"管理主义倾向"（Atendency toward managerialism）太浓，把评价对象及其他一切有关的人都排除在外，不予考虑，致使评价工作不够全面、深入；二是"忽视价值的多元化"（Failure to accommodate value-pluralism），将评价者的评价观作为评价的唯一标准，没有考虑到评价中其他人的价值观念；三是过分强调"科学实证主义"（Overcommitment to the scientific paradigm ofinquiry）的方法，在评价的方法上忽视了质性等其他评价方法的运用。❶

"第四代评价"从建构主义哲学出发，认为现实并不是纯"客观"的"外在于人"的东西，它不过是人们在与对象交互作用中形成的一种"心理建构物"。因此，评价也并不是"外在于人的""纯客观"的过程，而是参与评价的所有人，特别是评价者与评价对象双方交互作用，形成共同的心理建构的过程。测量、描述、判断与头脑中的"建构"是以人们的价值观为基础而形成的，在价值观多元化的社会里，评价活动就需要综合考虑如何融合或沟通各方利益相关者的意见。而评价者的根本任务就是通过收集各种资料，梳理出不同人、不同环境中的建构，并运用协商的方式，逐步改变、统筹不同意见上的分歧，引导他们达成共识。

具体来说，第四代评价理论有以下三大特点。

（1）从评价本质上看，"第四代评价"认为评价本质上是一种心理建构的过程，评价描述的并不是事物真正的、客观的状态，而是参与评价的人或团体对评价对象的一种主观性认识，是一种通过"协商"而形成的心理建构。评价者应坚持"价值多元化"的信念，充分听取不同方面的意见，协调各种价值标准之间的分歧，缩短不同意见间的距离，最后形成公认的一致看法。

（2）从评价主体上看，"第四代评价"主张"全面参与"的原则，反对

---

❶ Egon G Guba, Yvonna S Lincoln. Fourth Generation Evaluation [M]. Newbury Park, Calif.: Sage Publications, 1989: 148-162.

前三代评价把评价对象及其他利益相关者排除在外的做法，使得评价主体不再仅是"评价的组织者和实施者"，而扩展为"参与评价活动的所有人"。

（3）从评价方法上看，"第四代评价"提出了"回应—协商—共识"的建构性方法论，主张在自然情境的状态下，评价者与评价利益相关者一起通过不断地论辩、协商来建构一种共同认识，而不是像传统评价那样坚持控制型方法论，将评价对象放在"被告"的位置上，不断去伪存真，将认识集中控制在真理的探求上。

同样地，第四代评价理论的思想也体现在绩效评价上。

早期绩效评价理论受科学管理思想的影响，脱离人与组织的心理互动因素，单纯从行为客观结果方面审视工作绩效。但研究者逐渐发现，这种以测量（Measurement）为重点的评价对评价结果（分数）仅存在有限的影响。技术与方法的改进可能会带来组织绩效暂时的提升，但如果缺乏社会性方面的改善，这种改变仍然是缺乏自我更新的活力。随着对绩效研究的不断深入，越来越多的研究者和管理者意识到如果不从整体和动态视角揭示绩效评价对工作绩效的内在驱动机制，我们将永远无从了解如何从根本上促进工作绩效提升。[1] 由此产生了绩效评价社会化理论。迪恩·斯彼德（Dean Spitzer）把组织社会化理念引入绩效管理领域，把绩效评价看作是一种社会进程，提出绩效评价社会化的概念。

他指出，绩效评价的积极作用和消极作用并不取决于评价指标本身，而是取决于评价的环境。在一个命令和管制的环境中，绩效评价可能引发组织成员的不良情绪与行为，从而阻碍组织发展；而在自我指导的环境中，绩效评价将极大促进员工内在追求发展的动力，从而实现组织绩效的持续增长。"如果员工认为评价能够帮助他们做得更成功（而不是用来操纵他们），那么评价就会成为组织中的积极力量"[2]。据此他提出，要把评价和组织策略结合起来，为绩效评价的成功使用创造良好的社会环境。这样，绩效评价研究

---

[1] 马君. 授权时代的控制：绩效评价系统内在机理研究［M］. 北京：经济科学出版社，2010：1.
[2] Dean R Spitzer. Transforming Performance Measurement-rethinking the Way We Measure and Drive Organizational Success［M］. New York：American Management Association，2007：56-62.

的重点应从关注技术和方法的改进转移到挖掘隐藏在绩效评价结果背后的复杂性为动机和社会心理因素上。近年多项元分析结果表明,绩效评价结果可以被看作组织情境变量与评价方式、评价者和被评价者动机等因素之间的交互作用。因此,在设计绩效评价系统时必须考虑其所涉及的社会及心理因素,如权威机构、参与、人际互动、群体影响;以及个体因素,如态度、动机、行为、感知、情感、个性特质等❶。

我国学者马君从绩效评价社会化的角度研究了绩效评价系统内在设计机理,他通过综合国内外众多研究结论总结出影响绩效评价系统设计的四个维度:目标设置、正规化、过程公平以及层级化,在此基础之上通过实证研究发现:绩效评价系统设计是否合理直接影响其激励功能的发挥。绩效评价系统设计时必须在目标设置、公平感知、控制强度以及层次化设计时有机、权变地考虑职位层次、任务结构、人力资本水平、文化导向、生命周期阶段等情境因素的影响,才能发挥评价系统的战略导向功能。对本研究较有指导性作用的结论包括:

第一,员工在企业中的地位和作用越重要,所从事任务结构的程序化程度越低,越需要降低绩效评价的正规化程度,增强评价系统的弹性,比如引入模糊评价法等。

第二,绩效评价应从注重对员工行为结果的评估转向对员工自主管理能力的评估,从绩效行为管理转向对员工价值观的深层次管理。

第三,对于独特性高的人力资本,其绩效目标的难度与工作绩效之间表现出洛克(Locke)所谓的线性关系,也即目标越有挑战性,其所带来的绩效结果越高,因为正如德鲁克在《不连续的时代》中所言,知识工作者的人力资本独特性高,具有较强程度的自我依赖性(Self-dependent)和自我实现动机(Self-achievement),追求工作的自主性、个性化、多样性和创造性;而对于独特性一般的人力资本,绩效的分选效应和棘轮效应会削弱目标激励

---

❶ Murphy Kevin R, Jeanette N Cleveland. Understanding Performance Appraisal: Social, Organizational and Goalbased Perspectives [M]. Thousand Oakes, California: Sage Publications. Inc., 1995: 72-105.

效应的作用强度，使得目标激励对工作绩效的影响家具有边际递减趋势，达到一定强度会出现拐点，呈现"S"曲线形态❶。

第四，提高员工对绩效评价程序公平的感知有助于提升工作绩效，但是过度关注企业能力本位和竞争性激励制度设计，刻意追求分配公平，会对员工绩效产生消极影响。企业必须在消除认知差距和增进组织共同体认同方面做出努力，通过鼓励员工参与决策过程激发员工的伦理动机，淡化绩效控制，增进员工的身份认同和公平感知，从而实现绩效评价的公平。

第五，组织文化发挥着调节绩效评价系统正规化程度与工作绩效的关系。水平——集体主义文化（HC）强调共同目标和社会性，不轻易服从权威，因而适宜采用较低程度的绩效控制模式；垂直——个人主义文化（VI）强调任务导向和游戏规则，则要适度提高绩效评价系统的正规化程度，从而获得更高的绩效产出。

二、评价方法选择

科研绩效评价的方式可分为两大类：第一类，定性评价方法。主要包括同行评议、维度测评和德尔菲法。第二类，定量分析法。包括文献计量分析法、主成分分析法、层次分析法、人工神经网络法、数据包络分析法、灰色决策评价法、模糊综合评价法、平衡计分卡法等。具体到校本化教育科研评价，最常见的方式是专家评议法和加权计分法。但是，专家评议法的客观性不能保证，加权计分法也不能很好地体现中小学教育科研的特性，因为其中很多成果难以用客观的量化数据反映出来。考虑到校本化教育科研绩效"难以量化""整体判断"等评价要求，本研究选择采用模糊综合评价模型对其进行测算。

"模糊综合评价"（Fuzzy comprehensive evaluation）理论由美国加州大学伯克利分校的自动控制专家札德（L. A. Zadeh）教授于1965年提出，是一种基于模糊数学的综合评价方法❷。该综合评价法根据模糊数学的隶属度理论

---

❶ 德鲁克. 不连续的时代 [M]. 张心漪, 译. 台北：编译馆, 1973：66-92.
❷ Zadeh L A. Fuzzy Sets [J]. Information and Control, 1965（8）：338-353.

把定性评价转化为定量评价，即用模糊数学对受到多种因素制约的事物或对象做出一个总体的评价。它具有结果清晰、系统性强的特点，能较好地解决边界模糊的、难以准确量化的问题。模糊评价通过精确的数字手段处理模糊的评价对象，能对蕴藏信息呈现模糊性的资料做出比较科学、合理、贴近实际的量化评价；同时，评价结果是一个矢量，而不是一个点值，包含的信息比较丰富，既可以比较准确地刻画被评价对象，又可以进一步加工，得到参考信息。

教师是 U-S 合作中最直接的参与者和感受者，一项合作研究是否符合学校实情，是否能够真的改进教育教学行为、提升教育教学实效，是否能够促进教师专业发展，教师的回答才是最真实的反馈。模糊综合评价模型的引入能够将教师对于科研成效各方面的主观体验、感受和判断进行取值和量化，有效地解决校本化教育科研绩效体验性与客观性的冲突，使得对 U-S 合作框架下校本化教育科研绩效的测算更符合第四代评价理论所提出的"协商建构"和"全面参与"的原则。

模糊综合评价模型如下：

第一步：确定指标权重。（见上节相关内容）

第二步：确定评价因素和评价等级。一般设 $U = \{U_1, U_2, \cdots, U_m\}$ 为刻画被评价对象的 m 种因素（即评价指标），$V = \{V_1, V_2, \cdots, V_m\}$ 为刻画每一个因素所处状态的 n 种决断（即评价等级）。其中，m 为评价指标的个数，n 为评价等级的个数。

第三步：构造模糊评价矩阵和确定权重。首先对评价指标集中的单评价指标 $u_i(i = 1, 2, \cdots, m)$ 做单评价指标评判，从评价指标 u_i 着眼该事物对评价等级 $v_j(j = 1, 2, \cdots, n)$ 的隶属度为 r_{ij}，这样就得出第 i 个评价指标 u_i 的单评价指标评判集：$r_i = (r_{i1}, r_{i2}, \cdots, r_{in})$。这样 m 个评价指标的评价集就构造出一个总的评价矩阵 R。即每一个被评价对象确定了从评价指标到评价等级之间的关系，即 U 到 V 的模糊关系，用模糊评价矩阵 R 表示。

$$R = (r_{ij})_{m \times n} = \begin{bmatrix} r_{11} & r_{12} & \cdots & r_{1n} \\ r_{21} & r_{22} & \cdots & r_{2n} \\ \vdots & \vdots & & \vdots \\ r_{m1} & r_{m2} & \cdots & r_{mn} \end{bmatrix} (i = 1, 2, \cdots, m; j = 1, 2, \cdots, n)$$

其中，r_{ij} 表示从评价指标 u_i 着眼，该评判对象能被评为 v_j 的隶属度。具体地说，r_{ij} 表示第 i 个因素 u_i 在第 j 个评语 v_j 上的频率分布，一般将其归一化使之满足 $\sum r_{ij} = 1$。这样，R 阵本身就是没有量纲的，不需做专门处理。

r_{ij} 在实际的应用处理中有许多方法来确定，如通过组建专家评判小组，先由专家成员独立评判，再通过整理评判结果得出，或通过调查统计得出等。但不论如何确定 r_{ij}，都必须本着实事求是的原则，因为它是整个模糊综合评判的基础环节。一般来说，用等级比重确定隶属矩阵的方法，可以满足模糊综合评判的要求。用等级比重法确定隶属度时，为了保证可靠性，一般要注意两个问题：第一，评价者人数不能太少，因为只有这样，等级比重才趋于隶属度；第二，评价者必须对被评事物有相当的了解，特别是一些涉及专业方面的评价。

同时，评价指标集中的各个评价指标在评价目标中有不同的地位和作用，即各评价指标在综合评价中占有不同的比重。因此引入 U 上的一个模糊子集 A，称权重或权数分配集 $A = [a_1, a_2, \cdots, a_m]$，其中 $a_i \geqslant 0$，且 $\sum a_i = 1$。它是反映对诸因素的一种权衡。权数乃是表征因素相对重要性大小的量度值。

第四步：进行模糊合成和做出决策。R 中不同的行反映了某个被评价事物从不同的单评价指标来看对各等级模糊子集的隶属程度。用模糊权向量 A 将不同评价指标进行综合，就可得到该被评事物从总体上来看对各等级模糊子集的隶属程度，即模糊综合评价结果向量。

引入 V 上的一个模糊子集 B，称模糊评价或称决策集，$B = [b_1, b_2, \cdots, b_m]$。一般地令 $B = A * R$（$*$ 为算子符号），称之为模糊变换。一般采用普通矩阵乘法（即加权平均法），这种模型要让每个因素都对综合评价有所贡献，比较客观地反映了评价对象的全貌。A 称输入，B 称输出。如果评判结果 $\sum b_j \neq 1$，应将它归一化。b_j 表示被评价对象具有评语 v_j 的程度。各个评判指标，具体反映了评判对象在所评判的特征方面的分布状态。如果要选择一个决策，通常可以采用最大隶属度法则对其处理，得到最终评判结果，即可选择最大的 b_j 所对应的等级 v_j 作为综合评判的结果。

这样求出的 B 仍然是一个列向量，还不能直接用于各评价对象的比较与排序，因此尚需进一步的分析处理。设相对于各评语等级 v_j，给定参数列向量：$C = [c_1, c_2, \cdots, c_n]^T$，则可以求出等级参数评判结果为：$p = B * C$，由于 p 是一个实数，就可以根据 p 的大小对不同评价对象的优劣进行比较与排序。

三、校本化教育科研绩效评价实施及结果分析

本步研究以校本化教育科研绩效指标体系为依据，编制校本化教育科研绩效问卷。采用5点计分法，请被测查学校全体教师根据自身在校本化教育科研活动中的实际情况进行选择，通过模糊综合评价模型的计算得出每所学校整体得分。

（一）评价对象基本情况

考虑到样本的代表性和问卷发放途径的可行性，首先选取海淀、东城、丰台、石景山、大兴、通州、顺义7个U-S合作促进学校科研发展方面项目较多的区县为抽样区县，城区和郊区兼顾，中学和小学兼顾。继而通过北京市、区两级教育研究机构的基础教育部门了解参与U-S合作项目的具体学校，推荐合作时间较长、科研意愿较强、具有一定成效的学校参与评价。调查方法为编制评价问卷直接向被调研学校科研负责人发放，要求学校所有教师进行答卷，以学校为单位回收，回收率在80%以上的学校视为有效学校。问卷学校回收率、有效率均为100%。调查对象具体情况见表5-3。

表5-3 校本化教育科研绩效调查对象统计学指标（$N=61$）

变量	类别	百分比
位置	城区	72.3%
	郊区	27.7%
学制	小学	54.10%
	初中	18.03%
	高中	4.92%
	完中	16.39%
	一贯制	6.56%

（二）评价过程

1. 建立评价指标集

主准则层评价指标集的建立：

$U=\{U_1，U_2，U_3，U_4\}$。U 为校本化教育科研绩评价指标集；U_1 为任务绩效；U_2 为关系绩效；U_3 为适应绩效；U_4 为学习绩效。

次准则层指标集的建立：

$U_1=\{U_{11}，U_{12}，U_{13}，U_{14}，U_{15}\}$，其中 U_1 为任务绩效评价指标集合，U_{11} 为设立核心课题；U_{12} 为科研活动常态；U_{13} 为结论明晰可行；U_{14} 为改进原有举措；U_{15} 为成果被授奖项。

$U_2=\{U_{21}，U_{22}，U_{23}，U_{24}，U_{25}\}$，其中 U_2 为关系绩效评价指标集合，U_{21} 为分工协作团队；U_{22} 为主动同伴互助；U_{23} 为遵守科研规范；U_{24} 为自觉反思小结；U_{25} 为课题成为体系。

$U_3=\{U_{31}，U_{32}，U_{33}\}$，其中 U_3 为适应绩效评价指标集合，U_{31} 为校长参与研究；U_{32} 为科研骨干队伍；U_{33} 为所有教师参与。

$U_4=\{U_{41}，U_{42}，U_{43}\}$，其中 U_4 为学习绩效评价指标集合，U_{41} 为提供专题培训；U_{42} 为学习需求申报；U_{43} 为培训切实有效。

2. 建立评语集

以评价者对评价对象可能做出的各种总的评价结果为元素建立评语集，

本研究设置评语等级数为5，即评语集为：$V = \{V_1, V_2, V_3, V_4, V_5\}$。

其中，V 为评语集合；V_1 为非常符合；V_2 为基本符合；V_3 为不确定；V_4 为基本不符合；V_5 为非常不符合。

3. 一级模糊综合评价

以 YPZ 中学为例，对其进行模糊综合评价。首先从指标层因素集中的单个因素出发进行评价，计算综合评价值。

（1）任务绩效单因素模糊综合评价。

根据表5-4中数据建立模糊评价关系矩阵 R_1。

表5-4 对与任务绩效相关问题的调查结果统计

	V_1 非常符合	V_2 基本符合	V_3 不确定	V_4 基本不符合	V_5 非常不符合
U_{11} 设立核心课题	0.361	0.583	0.028	0.028	0
U_{12} 科研活动常态	0.250	0.639	0.069	0.014	0.014
U_{13} 结论明晰可行	0.208	0.611	0.167	0	0.014
U_{14} 改进原有举措	0.236	0.569	0.167	0.028	0
U_{15} 成果被授奖项	0.069	0.431	0.264	0.153	0.083

由表4-19中提取任务绩效的权重向量：$A_1 = [0.11\ \ 0.22\ \ 0.22\ \ 0.33\ \ 0.11]$ 选择模糊合成算子（矩阵乘法），计算综合评价值：

$$B_1 = A_1 \times R_1 = \begin{bmatrix} 0.11 & 0.22 & 0.22 & 0.33 & 0.11 \end{bmatrix} \times \begin{bmatrix} 0.361 & 0.583 & 0.028 & 0.028 & 0 \\ 0.250 & 0.639 & 0.069 & 0.014 & 0.014 \\ 0.208 & 0.611 & 0.167 & 0 & 0.014 \\ 0.236 & 0.569 & 0.167 & 0.028 & 0 \\ 0.069 & 0.431 & 0.264 & 0.153 & 0.083 \end{bmatrix}$$

$$= \begin{bmatrix} 0.2259 & 0.5743 & 0.1392 & 0.0322 & 0.0153 \end{bmatrix}$$

(2) 关系绩效单因素模糊综合评价。

根据表5-5中数据建立模糊评价关系矩阵R_2。

表5-5 与对关系绩效相关问题的调查结果统计

	V_1 非常符合	V_2 基本符合	V_3 不确定	V_4 基本不符合	V_5 非常不符合
U_{21} 分工协作团队	0.236	0.681	0.069	0.014	0
U_{22} 主动同伴互助	0.222	0.653	0.097	0.028	0
U_{23} 遵守科研规范	0.208	0.653	0.139	0	0
U_{24} 自觉反思小结	0.194	0.597	0.153	0.056	0
U_{25} 课题成为体系	0.167	0.625	0.167	0.042	0

由表4-19中提取关系绩效的权重向量：A_{22} = [0.22　0.11　0.22　0.33　0.11] 选择模糊合成算子（矩阵乘法），计算综合评价值：

$$B_2 = A_2 \times R_2 = \begin{bmatrix} 0.22 & 0.11 & 0.22 & 0.33 & 0.11 \end{bmatrix} \times \begin{bmatrix} 0.236 & 0.681 & 0.069 & 0.014 & 0 \\ 0.222 & 0.653 & 0.097 & 0.028 & 0 \\ 0.208 & 0.653 & 0.139 & 0 & 0 \\ 0.194 & 0.597 & 0.153 & 0.056 & 0 \\ 0.167 & 0.625 & 0.167 & 0.042 & 0 \end{bmatrix}$$

$$= \begin{bmatrix} 0.2045 & 0.6311 & 0.1253 & 0.0293 & 0 \end{bmatrix}$$

（3）适应绩效单因素模糊综合评价。

根据表5-6中数据建立模糊评价关系矩阵R_3。

表5-6 对与适应绩效相关问题的调查结果统计

	V_1 非常符合	V_2 基本符合	V_3 不确定	V_4 基本不符合	V_5 非常不符合
U_{31} 校长参与研究	0.167	0.681	0.139	0	0
U_{32} 科研骨干队伍	0.222	0.569	0.208	0	0
U_{33} 所有教师参与	0.167	0.611	0.153	0.056	0.014

由表4-19中提取适应绩效的权重向量：$A_3 = \begin{bmatrix} 0.45 & 0.35 & 0.20 \end{bmatrix}$ 选择模糊合成算子（矩阵乘法），计算综合评价值：

$$B_3 = A_3 \times R_3 = \begin{bmatrix} 0.45 & 0.35 & 0.20 \end{bmatrix} \times \begin{bmatrix} 0.167 & 0.681 & 0.139 & 0 & 0 \\ 0.222 & 0.569 & 0.208 & 0 & 0 \\ 0.167 & 0.611 & 0.153 & 0.056 & 0.014 \end{bmatrix}$$

$$= \begin{bmatrix} 0.1863 & 0.6278 & 0.1659 & 0.0112 & 0.0028 \end{bmatrix}$$

（4）学习绩效单因素模糊综合评价。

根据表5-7中数据建立模糊评价关系矩阵R_4。

表5-7 对与学习绩效相关问题的调查结果统计

	V_1 非常符合	V_2 基本符合	V_3 不确定	V_4 基本不符合	V_5 非常不符合
U_{41} 提供专题培训	0.181	0.681	0.139	0	0
U_{42} 学习需求申报	0.194	0.625	0.181	0	0
U_{43} 培训切实有效	0.208	0.625	0.139	0.028	0

由表4-19中提取学习绩效的权重向量：$A_4 = \begin{bmatrix} 0.30 & 0.20 & 0.50 \end{bmatrix}$ 选择模糊合成算子（矩阵乘法），计算综合评价值：

$$B_4 = A_4 \times R_4 = \begin{bmatrix} 0.30 & 0.20 & 0.50 \end{bmatrix} \times \begin{bmatrix} 0.181 & 0.681 & 0.139 & 0 & 0 \\ 0.194 & 0.625 & 0.181 & 0 & 0 \\ 0.208 & 0.625 & 0.139 & 0.028 & 0 \end{bmatrix}$$

$$= \begin{bmatrix} 0.1971 & 0.6418 & 0.1474 & 0.0140 & 0 \end{bmatrix}$$

4. 二级模糊综合评价

根据数据 $B_1 \sim B_4$ 建立模糊评价关系矩阵 R。

由表4-19中提取准则层因素的权重向量：$A = \begin{bmatrix} 0.40 & 0.30 & 0.15 & 0.15 \end{bmatrix}$，计算综合评价值：

$$R = \begin{bmatrix} B_1 \\ B_2 \\ B_3 \\ B_4 \end{bmatrix} = \begin{bmatrix} 0.2259 & 0.5743 & 0.1392 & 0.0322 & 0.0153 \\ 0.2045 & 0.6311 & 0.1253 & 0.0293 & 0 \\ 0.1863 & 0.6278 & 0.1659 & 0.0112 & 0.0028 \\ 0.1971 & 0.6418 & 0.1474 & 0.0140 & 0 \end{bmatrix}$$

按照非常符合为90分，基本符合为80分，不确定为70分，基本不符合为60分，非常不符合为50分进行赋分，计算得出YPZ中学校本化教育科研绩效得分，结果显示如表5-8所示。设定85分及以上为A等级，80~84分为B等级，70~79分为C等级，69分及以下为D等级。则该学校科研绩效处于 C 级水平。

表5-8 YPZ 中学校本化教育科研效果绩效得分

	非常符合	基本符合	不确定	基本不符合	非常不符合	得分
任务绩效	0.2259	0.5743	0.1392	0.0322	0.0153	78.716
关系绩效	0.2045	0.6311	0.1253	0.0293	0	79.422
适应绩效	0.1863	0.6278	0.1659	0.0112	0.0028	79.416
学习绩效	0.1971	0.6418	0.1474	0.0140	0	80.241
总绩效	0.2092	0.6095	0.1403	0.0255	0.0065	79.264

同理可求得其余 61 所学校校本化教育科研绩效得分情况。

(三) 校本化教育科研绩效评价结果分析

1. 校本化教育科研绩效成绩呈负偏态分布

在 61 所 U-S 合作学校中，评价结果为 A 的学校 10 所，占 16.39%；评价结果为 B 的学校 38 所，占 62.30%；评价结果为 C 的学校 13 所，占 21.31%。其中高绩效组和低绩效组的学校数相差不大，并且数量较少。中等绩效的学校数最多。这说明 U-S 合作中校本化教育科研工作两极分化不突出，大部分学校处于中等水平。在被调查的 61 所学校中，总分平均值为 82.257 分，标准差 2.976。但绩效总分未完全服从正态分布，分布的偏度值为 -0.589，为负偏态分布，说明高于平均分数的学校数更多，校本化教育科研绩效普遍较好，峰度值为 0.196，表明更多的数值集中在均值附近。学校得分分布情况如图 5-2 所示。

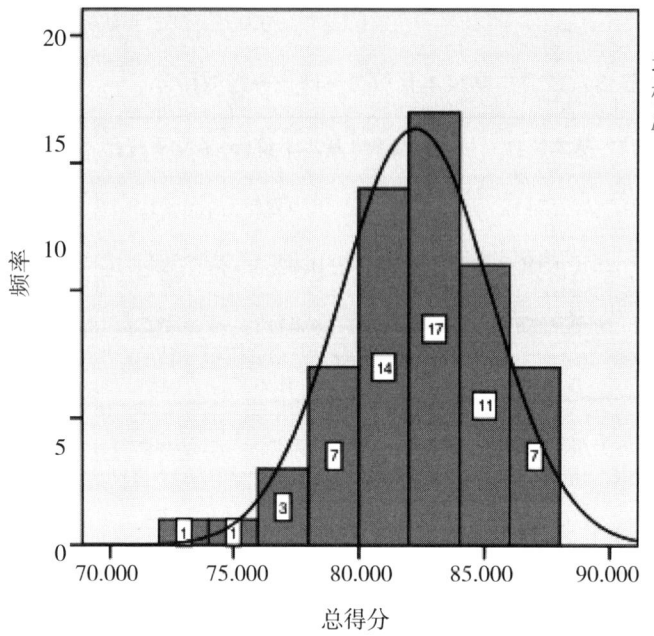

图5-2 校本化教育科研绩效得分分布

2. 校本化教育科研绩效中适应绩效得分最高

总体来看，适应绩效维度平均得分最高，为 83.5 分，说明校本化教育科研工作作为学校的整体工作在克服阻力、形成组织合力方面成效突出，校长和骨干的带头作用比较明显，教师科研参与度较高，能够形成指向学校核心目标的科研方向和氛围。任务绩效维度平均得分最低，为 81.1 分，说明在通过科研课题和项目产生能够真正影响教育教学活动的成果方面还不够突出。四个维度按照得分从高到低分别为适应绩效、学习绩效、关系绩效、任务绩效，但没有显著差异，中学和小学结果一致。

3. 校本化教育科研绩效成绩小学好于中学

直观数据显示小学高绩效学校数量明显多于中学。进一步对学校层次和科研绩效进行相关性分析，结果如表 5-9 和表 5-10。

表5-9 学校层次与科研绩效得分相关矩阵

		学校层次	任务绩效	关系绩效	适应绩效	学习绩效	总得分
学校层次	Pearson 相关性	1	**	*			
总得分	Pearson 相关性	-0.354**	1	*			
任务绩效	Pearson 相关性	-0.307*	0.963**	1			
关系绩效	Pearson 相关性	-0.353**	0.966**	0.886**	1		*
适应绩效	Pearson 相关性	-0.340**	0.937**	0.862**	0.879**	1	*
学习绩效	Pearson 相关性	-0.391**	0.964**	0.887**	0.933**	0.924**	1

注：*表示在0.05水平（双侧）上显著相关，**表示在0.01水平（双侧）上显著相关。

表5-10 不同学校层次科研绩效得分比较

	均值	N	标准差
小学	83.39994	33	2.313311
初中	80.89300	11	3.582551
高中	81.71700	3	2.796481
完小	80.63250	10	3.407423
一贯制	81.04775	4	2.232604
总计	82.25718	61	2.975927

在各级绩效得分和绩效总得分上，均与学校层次显著相关，且为负相关。对不同学校层次的总分进行比较，发现小学的科研绩效得分最高，高中最低。这可能与高中师生面临着直接的高考压力，教师将更多经历投入到高考工作上有关，而小学面临较小的升学压力，教师从事科研的机会和个人精力也更多，从而科研绩效的均值最高。

第三节 对校本化教育科研绩效评价的元评价

在实际开展科研绩效评价的过程中，诸多因素可能会影响到评价结果的偏差，对评价的意义和功效起到负面作用。2007年，索尼公司前常务董事天外伺朗在《绩效主义毁了索尼》一文中指出，索尼公司实行绩效主义导致公司内部追求眼前利益成风，上司把一切都看作指标，用"绩效评价的目光"来判断所有事物，造成的严重后果就是"群情激昂""挑战精神"和"团队精神"的消失，创新先锋成为落伍者❶。有学者甚至声称，科研绩效评价是科研管理中的"阿吉里斯脚跟"，隐喻科研组织如果未能妥善处理科研绩效评价的局部细节问题，可能引发针对组织的不良行为。组织行为学教授Barlow一针见血地指出，如果绩效评价不合时宜，再煞费苦心的绩效制度化经营和开发，也只不过是组织行政控制的华丽修饰而已❷。因此，在完成科研绩效评价后，科研绩效评价结果是否科学可信，需要得到认定。

人们认识事物通常分为三种不同的状态：拥有完备信息的状态（确定性事件）、拥有不完备信息的状态（不确定性事件）、完全没有信息的状态（完全不确定性事件）。在科研绩效评价的具体实施中，不确定性和完全不确定性事件的存在往往会造成评价不同程度的偏差和失误，影响评价功能的发挥。因此，需要对既定的科研绩效评价活动进行再评价和必要的风险控制，使之更加合理与完善。按照一定的理论框架和价值标准对科学研究绩效本身进行再评价，称之为科学研究绩效评价的元评价（the meta assessment of the science and research performance evaluation），其目的在于判断一项评价工作的质量，并规范和改进评价工作❸。

科研绩效评价的元评价分为两类：第一类是对科研绩效评价方法的评价，主要评价科研绩效评价的理论基础、框架体系、结构与功能、方法体系和控制机制；第二类是对具体科研绩效评价活动的评价，主要评价科研绩效评价的方案、组织实施、评价结果和效用。

为保证评价的科学性，本研究采用定量与定性相结合的方式，对基于模糊综合评价的校本化教育科研绩效评价活动的方案、组织实施、结果以及效

---

❶ 天外伺郎. 绩效主义毁了索尼［J］. 中国企业家，2007（3）：39-40. 原文载于日本《文艺春秋》2007年1月刊.

❷ Barlow G. Deficiencies and Perpetuation of Power：Latent Functions in Management Appraisal［J］. Journal of Management Studies，1989，26（5）：499-519.

❸ 霍国强. 我国教育元评价的实践缺失及对策思考［J］. 教育发展研究，2012（15-16）：21.

用进行元评价，属于第二类元评价研究。

一、校本化教育科研绩效评价元评价指标体系

本研究参考美国教育评估标准联合委员会（Joint Committee on Standards for Educational Evaluation）提出的评价活动项目元评价标准，根据实际情况，删除研究中并不涉及的一些标准，建立如表5-11所示的元评价指标体系。

表5-11 校本化教育科研绩效评价的元评价指标

一级指标	二级指标	要素内容
实用性 （Utility）	①价值观的鉴别	指标体系全面系统考虑校本化教育科研的各种价值需要，如不同参与主体、目标、过程、结果、能力等
	②评价人员可信度	教师有能力对校本化教育科研做出评价
	③评价的影响	有助于了解校本化教育科研的成绩与问题，找到校本化教育科研改进的方向
可行性 （Feasibility）	①评价程序的实用性	组织数据收集的困难小
	②行政力量的支持程度	评价过程得到区、校行政管理部门的支持
	③评价的成本效益	评价工作的投入、产出比高
合理性 （Propriety）	①全面性	评价考虑到学校中不同主体的利益
	②规范性	评价过程有序、规范，数据处理客观、科学
	③公开性	报告结果向被评价者（学校）公开
准确性 （Accuracy）	①评价信息来源的可靠性	教师在无压力的情况下真实客观地对参与校本化科研的经历做出判断
	②评价的效度	评价收集的数据类型和信息是获得评价结果的重要数据
	③评价的信度	评价者持有一致性的判断标准
	④客观性	报告公正客观

二、元评价的组织与实施

本研究聘请 7 位相关人员，在全面介绍前期研究成果并提供文字材料的基础上，发放测量表，请其对本研究前期所进行的校本化教育科研评价活动进行打分，从 1 分至 5 分，表示对研究的认可度逐渐上升。这 7 位相关人员中有 2 位来自高校，参与 U-S 合作项目；2 位来自区县教科所，他们直接负责本区所有学校的教育科研管理和指导工作，熟悉学校情况；3 位来自学校，分别为 1 位中学科研主任，1 位小学校长，1 位小学普通教师。以 7 位专家的打分为依据，对 U-S 合作中的校本化教育科研绩效评价工作进行元评价，同时，抽取两个学校典型科研过程进行分析，验证评价指标与结果、现实情况的相符度。

三、元评价数据处理及分析

1. 数据分析方式

对于测量表中的每项二级指标，N 个调查专家做出 1~5 分的打分，得分计为 P，则每个二级指标的得分为 $\bar{P} = \dfrac{\sum\limits_{i=1}^{N} P}{N}$。若一级指标中含有 Q 个二级指标，那么一级指标的得分 $Y = \dfrac{\sum\limits_{i=1}^{Q} \bar{P}}{Q}$。

2. 数据分析结果（见表 5-12~表 5-15）

表5-12　校本化教育科学研究评价实用性统计结果

元评价指标	得分
U_1 价值观的鉴别	3.9
U_2 评价人员可信度	4.0
U_3 评价的影响	4.2

续表

元评价指标	得分
总　　分	4.0

表5-13　校本化教育科学研究评价可行性统计结果

元评价指标	得分
F_1 评价程序的实用性	4.8
F_2 行政力量的支持程度	4.8
F_3 评价的成本效益	4.0
总　　分	4.5

表5-14　校本化教育科学研究评价过程合理性统计结果

元评价指标	得分
P_1 全面性	4.1
P_2 规范性	4.5
P_3 公开性	4.4
总　　分	4.3

表5-15　校本化教育科学研究评价准确性统计结果

元评价指标	得分
A_1 评价信息来源的可靠性	3.6
A_2 评价的效度	3.7
A_3 评价的信度	3.0
A_4 客观性	3.7
总　　分	3.5

对校本化教育科研绩效评价的元评价四维度结果雷达图如图5-3所示。

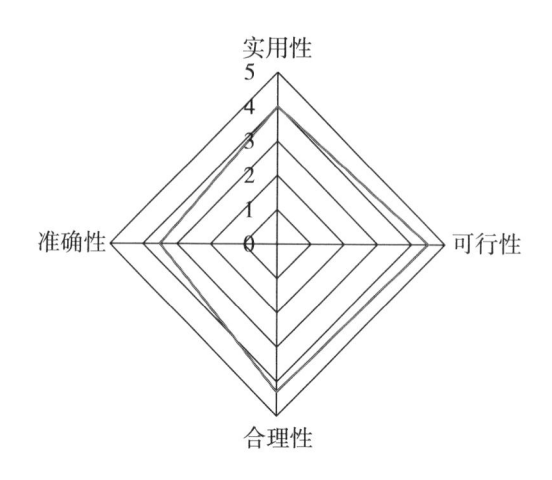

图5-3 元评价四维度雷达图

数据调查与统计结果显示，对于校本化教育科研绩效评价的元评价研究结果较好，各一级指标得分处于中上等水平，四个一级指标得分相对均衡，说明以教师为主体的、以模糊综合评价为主要方法的、四维度十六指标校本化教育科研绩效评价科学有效。具体来看：

评价的可行性指标得分最高，说明评价设计的思路和组织方式有效，可操作性强，是便于实施的评价。

评价过程的合理性指标也较好，说明评价过程规范、公正，能够考虑到不同主体的利益，具有较好的代表性。

评价实用性指标略低，特别是价值观的鉴别得分不够高，说明不同主体对于校本化教育科研的价值观认识还存在差别，这与元评价专家在校本化研究中所处的地位以及对校本化教育科研的需求差异有关。对于这一问题，本研究在理论阐述上已表明了明确观点，后期研究围绕对校本化研究"实践改进+能力提升"的核心功能展开，将学生发展、学校文化形成的指标作为科研间接影响而非直接绩效指标，与部分评价专家的认识有所差异。

评价准确性指标得分相对较低，但也处于可接受范围。其中最主要的问题来自于对教师评价客观性的质疑。的确，教师的判断主观性较强，教师之间对同一问题的判断标准不同。但是第四代教育评价理论认为，被评价者自身的认识和心理感受才真正构成对事物的评价，也就是说，校本化教育科研绩效指标的标准并不是一个客观的值，而是由每个教师不同的标准合成的抽象尺度，教师在与他人的比较以及与自身期待和需求的比较中判断学校科研的实际效果。本研究的目的不是进行学校之间的比较，而是学校自身与自身相比的进步情况，因此，只要每位教师所秉持的判断标准不变，校际之间教师评判标准的差异并不影响结果的使用。当然，为了提高研究的科学性，还应加以案例研究、个体访谈、文本分析等质性方式对学校科研绩效做进一步判定。

四、对于评价指标及结果的抽样检验

为进一步验证前期评价的准确性问题，在被评价学校中任意抽取两个学校的校本化科研自述材料，通过文本分析方式，了解不同评价级别学校在评价指标数量和程度上的不同表现，通过实际情况分析验证评价结果的准确性。这些材料是从学校角度而不是教师个人角度进行总结的，是对前期评价研究视角的调整，也是从新的角度验证前期评价结果。

样本一：北京教育科学研究院通州第一实验小学
（全面合作形式）❶

基本情况

北京教育科学研究院通州区第一实验小学是北京教育科学研究院在全市小学中建立的第一所实验校，教科院将一实验作为自身的科研基地，引入优质科研课题与项目，同时负责对学校发展的全面规划进行指导，并帮助学校设立相关教育科研课题，定期派专人入校进行指导与共研，

---

❶ 该案例在教师自述基础上由作者整理。

通过讲座、培训、研讨等形式为学校提供科研支持。学校创建于2003年10月，经过10余年的发展，已从12个教学班发展到35个，学生从206名发展到1780名，教师由36名发展到110名。区级骨干教师由2名发展到18名。当时一所极为普通的城乡接合部小学已经成为通州区首屈一指的名校，其教育教学成果在市区乃至全国获得了数以千计的奖励和荣誉。而北京教科院也通过紧密参与学校发展，获得了稳定的教育研究现实信息来源，更准确地把握教育研究的现实需求，使得教育研究成果具有更强的实践指导价值。《学校发展动力与策略研究》是双方合作成果的集中体现，获北京市第六届教育科学研究优秀成果奖二等奖。

合作研究历程

阶段一：在"合作教育"中起步

合作之初，学校处于迷茫状态，不知从何做起。教科院引领学校启动了"合作教育"实验，带领领导干部到海南学习合作教研、说课经验，并指导学校制定了研究课题，在市规划办立项，在学校与社区、学校与家庭、教师与教师、教师与学生、学生与学生五个层面进行合作教育的研究。课题的推进不仅为学生学习找到了有效路径，更凝聚了团队的力量，整合各方资源，明确行动目标，规约集体的行动，形成学校发展合力。在建校时间不长、基础十分薄弱的实验一小，课题有效地为学校发展找到了着力点和实施策略，解决了新建校的发展路径问题。

设立核心课题
课题成为体系
分工协作团队

阶段二：在"发现教育"中成长

2007年，北京教科院承担的"学校特色建设与规划"项目，实验一小作为项目学校。在项目理念的启发下，学校开始思索新的问题：合作教育虽然能够凝聚团队的力量，但并不能使每一个体的潜能得到发挥，不能让每一个体得到充分、全面、和谐的发展。如何克服合作教育的弊端，向纵深处寻找生长点呢？教科院团队通过外出考察、校长论坛、理论培训等多种形式，从学校理念与文化的内涵及表现讲起，为学校提供自我分析与诊断工具，帮助学校制定发展规划，确立新阶段的发展主题。

学习需求申报
组织专题培训
校长参与研究
设立核心课题
培训切实用效

经与教科院专家的共同研讨，学校确立了"实施发现教育，培育多

· 126 ·

元之才"的特色建设主题。在吸纳古希腊思想家苏格拉底、法国教育家卢梭、美国心理学家布鲁纳研究推动的"发现法""发现学习法"的基础上，启动了发现教育实验。即以发现学习理论为指导，以"思维训练"为核心，以"课程"为载体，以"创新"为方向，以"研究"为动力，以师生为主体，努力挖掘潜力，张扬个性，培养发现能力，为人的全面发展、多元人才成长奠基的教育实验。

（1）课程建设。在教科院的指导下，学校以课程建设为路径，通过构建以发现为特色的国家、地方、校本三级课程体系，加强思维训练，培养发现能力。包括：编辑发现教育纲要。组织教师认真研究各个学科的教材，挖掘其中实施发现教育的因素，从"实施发现教育的要点内容、简要分析、学生的思维起点、教师发现教学法和学生发现学习法的建议、学生思维发展目标"等几个方面逐一梳理原有教材，使课堂教学实施发现教育变得有的放矢，使发现教育落到实处。

（2）研发思维训练课程。学校改革了课程设置，将每周五下午定为校本活动日，开展校本实践活动。第一节为德育活动课，第二节为"学会生存"课程，第三节为社团活动。在此基础上研发了37项校本课程，涵盖逻辑思维、形象思维、动作思维、创新思维、演讲能力等七个方面的内容，如数独、魔方、魔尺、围棋、象棋、七巧板、艺术创新、电脑动漫等。

科研活动常态
自觉反思小结
所有教师参与
团队分工协作
课题成为体系
改进原有举措
结论明确可行

（3）探索发现教学方式。让教师结合本学科特点在教学中进行尝试，通过观摩研讨、一课多轮、总结交流等方式，促使教师总结出各个学科、各个环节实施发现教育的模式和方法。数学学科的多元解题法和探究归纳法；语文学科的感悟教学法和发现习作法；品德学科的参与体悟法和调查归纳法；音乐学科的形象再现法和艺术创作法；英语学科的归类总结法和比较发现法；体育学科的练习体悟法等发现式教学方法，促使学生积极思考、尝试探究、不断发现。实验发现模式、调查发现模式、活动体悟模式、故事再现模式、观察发现模式等发现式教学模式，活跃了课堂气氛，促进了学生思维的发展，提高了发现能力。教师们还将发现教育理论灵活地应用于课堂教学的各个环节，促使学生在提问、讨论、质疑、探究、观察以及活动中发现。

(4) 完善教学评价标准。学校制定了在国家课程中实施发现教育的课堂教学评价标准，对课堂教学的效果和质量进行监控。（标准略）

阶段三：在"思维研究"中精进

"发现教育"的深化对学校的专业能力再次提出新的要求：只有深入了解和利用脑科学、心理学等科学知识，才能从生理机制与环境保障两个层面认识"发现教育"的理论基础，才能更好地设计出有效的教育教学举措。教科院及时为学校引入了友善用脑理论和思维导图培训，在有利的理论与工具支撑下，专家和教师一起开发教育教学新方法。校长作为项目的第一责任人，全程参加项目研发。

学校制定了"小学生探究性道德学习策略的研究"课题，通过班队会、社会实践活动，培养学生创新求异、不墨守成规、多角度思考问题、敢于质疑等习惯。在此过程中，让学生绘制知识性、评价性、计划性思维导图，提升学生绘制导图的能力，培养良好的思维习惯，让学生从校园生活中捕捉问题、获得问题，探究解决的办法，丰富学生的道德认知，培养良好的道德行为。此外，组织班主任尝试开展了导图式德育活动课的研究，在游戏体验、讨论交流、表演展示等活动基础上，让学生绘制导图，展示收获和体会。

培训需求知晓
组织专题培训
培训切实有效
校长参与研究
结论明确可行
改善原有举措
团队分工协作
自觉反思小结
研究成为常态

在教学中，教师引入思维导图，开发了手脑操，使得教学更加符合大脑思维规律。同时，与教科院专家一起，开发符合学科特点的"学生认知风格"测评量表，在日常教学中总结提炼辨识不同学生的认知特点的测评要点，不断改进测评量表。教学中根据学生认知特点反思教学针对性，进而设计和选择不同的教学指导资源。使因材施教进一步成为可能。

学校教育科研成效

十年发展，学校教师从不知教育研究为何物、不知论文如何撰写，到人人成为研究者。不仅研究、反思成为教师常态，而且不少教师独立承担了研究课题，如："小学低年级数学逻辑思维能力的培养""小学高年级数学逻辑推理能力的培养""小学中年级数学质疑能力的培养""读写结合培养学生观察能力的研究""引导学生观中发现、思中发现、写中发现，促进创新思维发展""在活动中引导学生发现，促进学生思维发展""音乐教学中听觉思维的培养""在信息技术学科中创新思维的培养"等四十多项，总结出在各个学科实施发现教育的经验。语文学科"运用思维导图建构文章框架提高写作能力""运用思维导图归类整理古诗词""运用思维导图预习所学课文"等经验提升了教学效果；数学学科"运用思维导图认识时、分、秒""运用思维导图整理图形面积知识"等课例得到专家好评，并在市区竞赛中获得一等奖。数学名师林蕊馨成立了名师工作室，制定了发现教育研究专题，带领青年教师开展专题研究。她和徐宏老师执教的数学课因注重学生发现能力的培养而获得全国一等奖。音乐学科教师总结出"运用思维导图学习音乐知识""音乐课堂引入手脑操的尝试""欣赏课中思维导图的作用"等经验。美术学科注重在课堂教学中引导学生在观察、思考、讨论的基础上发现创作的方法，并积极引导学生发挥想象，展现个性。社会学科放弃了刻印大量试卷作为作业的方法，每课内容学习之后，让学生运用思维导图整理所学知识，激发了学生的学习兴趣，提高了学习效果，培养了学生总结、归纳、整理的能力。2009年以来，学校教师有2300人次在市区的课例、论文、基本功比赛中获奖。

所有教师参与
自觉反思小结
形成科研骨干
结论明确可行
改进原有举措
成果被授奖项

学生发展成效

通过实施发现教育，学生放飞思想，自主发现，发现问题、提出问题、分析问题、解决问题的能力得到提升。魔尺社团学生在掌握150种规定模型的基础上，研究出30多种新模型。数独社团学生制作了数独题板，自主探究了多种解题技巧，大部分学生能够在5分钟内完成推理和计算的全过程。九连环社团学生能够在4分钟以内完成解装；魔方社团的学生能够在43秒内完成三阶魔方的六面旋转。华容道社团的学生能够在11秒内完成解救曹操的任务。象棋社团制作了大型棋盘，学生研究解决了几十种棋谱。鲁班锁社团的学生30多种锁形能拆卸自如。学生踊跃参加市区航模竞赛和金鹏科技论坛，多人获得一等奖。

样本二：北京市高井中学
（专题合作形式）[1]

合作的提出

课程与教学是教育研究的重要内容，长期以来，高校的教育研究者一直致力于教学方法或者学习模式的研究，自主模式、探究模式、合作模式、任务导向模式等多种模式作为科研成果涌现出来。无疑，每种模式都有其合理的理论基础，以及较为完备的实施框架，然而，这些模式如何具体运用到现实的教育教学中去？一线学校面对不同学科、不同课型、不同学生，如何选择和运用适当的教学方法？基于此，高井中学以校长为首，申请了北京市"十二五"教育规划校本研究课题《普通初中学校基于学科课程内容选择有效学习方式的实践研究》。该问题是对于前期教学方法研究成果运用的实际问题，学校有研究需求，但同时，由于缺乏理论与方法的支撑，同时囿于教师工作时间的限制，学校又需要邀请高校专业研究人员的加入。另一方面，对这一问题的破解，对于高校研究者来说无疑也是深化研究成果，提高成果转化实效的有效途径。

<small>校长参与研究
设立核心课题</small>

主要研究过程与方法

第一阶段：课题初测与数据分析。编制《普通初中学校基于课程内容选择有效学习方式的调查问卷》，采用抽样的方法对学生实施调查，利用 SPSS18.0 统计软件进行数据处理和分析。

第二阶段：进行 53 节案例研究，包括 14 节语文课、11 节数学课、12 节英语课、9 节物理课、5 节生物课、2 节历史课。开展课题研讨 7 次，包括 3 次市级研讨、2 次区级研讨、2 次校级研讨。设计课堂观察量表和基于课程内容选择有效学习方式课堂教学评价表。并利用 MATLAB 程序编写了 S-T 分析和 FIAS 互动分析程序，通过定性观察分析和定量观察分析相结合的方式，评价学习方式和教学目标的达成；通过《基于课程内容选择有效学习方式课堂教学评价》，对研究课进行基于课程内容选

<small>遵守科研规范
团队分工协作
自觉反思小结
协队分工协作</small>

---

[1] 该案例在（教师）自述基础上由作者整理。

择学习方式有效性的评价。

第三阶段：进行成果总结与梳理。

（1）合作的分工

在合作研究中形成了四位一体团队：授课教师依据课程内容通过自主学习、自我反思预设生成课堂教学；技术型团队依据课堂观察量表进行课堂观察、记录观察报告、生成观察数据、描述课堂；营养型团队通过课堂观察为教师和课堂提供学科教育心理学理论依据和方法，同时与技术型团队组成同伴关系，相互补充最终得出观察资料；经验型团队依据开放式课堂观察和技术型团队、营养型团队提供的观察资料诊断课堂教学三维目标的落实情况，指导授课教师改进课堂教学，引领课堂教学，提高课堂教学的实效性。教师在课堂中通过过程与方法传授知识、技能并形成价值观，经验型团队引领实施三维目标的走向，技术型团队鉴别描述技能与过程的实施，营养型团队提供方法与情感态度的营养。其中，授课教师和经验团队以学校教师为主，而技术团队和营养团队更多依靠高校力量。

主动同伴互助 形成科研骨干队伍

（2）研究的成果

①形成了不同教学方式的判断标准。

学习方式	师生行为	学生活动时间
接受式	$R_t \geq 0.7$	小于13.5分钟
对话式	$C_h \geq 0.4$	13.5~31.5分钟
练习式	$R_t \leq 0.3$	大于31.5分钟

改进原有举措 研究结论明晰可行

续表

学习方式	师生行为	学生活动时间
接受—内省式	$0.5 \leq R_t < 0.7$ $0 < C_h < 0.2$	13.5~22.5分钟
对话—内省式	$0.5 \leq R_t < 0.7$ $0.2 \leq C_h < 0.4$	13.5~22.5分钟
对话—习得式	$0.3 < R_t < 0.5$ $0.2 \leq C_h < 0.4$	22.5~31.5分钟
自主—探究式	$0.3 < R_t < 0.5$ $0 < C_h < 0.2$	22.5~31.5分钟

②总结出不同教学方式的适用情况及操作要点。

Ⅰ.接受—内省式学习

适用范围：在普通初中学校适用于学生基础弱、欠缺良好学习习惯、学习动机弱的学生。在课程内容上适用于识记、理解水平的知识。如初中数学、物理、生物学科中关于概念、技能的学习；语文、英语学科中的识词、阅读，英语学科中的听力与对话，历史学科中事实知识、原理知识等。

操作流程：

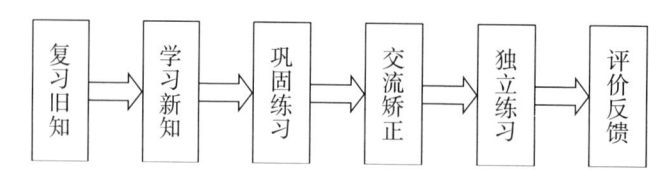

复习旧知 → 学习新知 → 巩固练习 → 交流矫正 → 独立练习 → 评价反馈

师生行为：接受—内省式学习强调教师要设计清晰的讲述结构，给出明确的概念或方法，并通过列举事实和现象进行验证。

操作流程	教师行为	学生行为
复习旧知	讲解、演示、提问	倾听、回答
学习新知	讲解、示范、板书、演示、提问	倾听、回答、记笔记
巩固练习	指令	阅读、运算、解题、做实验
交流矫正	提问、指导	回答、记笔记
独立练习	指令	阅读、运算、解题、做实验
评价反馈	指令	阅读、解题

Ⅱ. 对话—内省式学习

适用范围：普通初中学校适用于学生基础一般，具有一些学习习惯的学生。在课程内容上适用于理解、分析、评价水平的知识。如初中数学中关于概念、技能学习和问题解决，物理、生物中的概念、技能学习和科学能力的形成；语文、英语学科中的阅读和写作，英语学科中的听力与对话，历史学科中历史事实、历史概念、理念原理；历史思维方法、历史表述方法等。

操作流程：

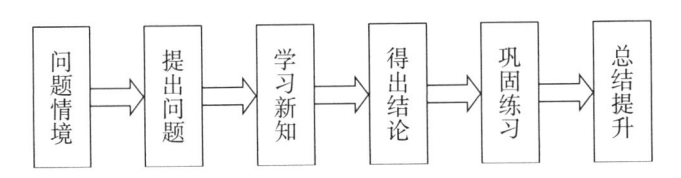

问题情境 → 提出问题 → 学习新知 → 得出结论 → 巩固练习 → 总结提升

师生行为：对话—内省式学习强调在师生对话的基础上启发学生的思维，把问题推到学生面前，生生之间、师生之间的对话总围绕问题进行。

操作流程	教师行为	学生行为
问题情境	演示、提问	倾听
提出问题	提问	回答
学习新知	提问、讲解、接受、表扬、指导	回答
得出结论	提问、指导	回答

续表

操作流程	教师行为	学生行为
巩固练习	指令	阅读、运算、解题、做实验
总结提升	讲解	记笔记

Ⅲ. 对话—习得式学习

适用范围：普通初中学校适用于学生基础一般，具有良好学习习惯的学生。在课程内容上适用于理解、分析、评价水平的知识。如初中数学中关于概念、技能学习和问题解决，物理、生物中的概念、技能学习和科学能力的形成；语文、英语学科中的阅读和写作，英语学科中的听力与对话，历史学科中历史事实、历史概念、理念原理与历史思维方法、历史表述方法等。

操作流程：

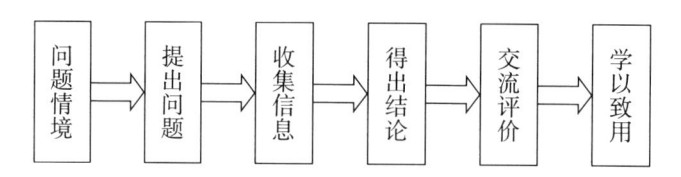

问题情境 → 提出问题 → 收集信息 → 得出结论 → 交流评价 → 学以致用

师生行为：对话—习得式学习强调在师生对话的基础上启发学生的思维，把问题推到学生面前，生生之间、师生之间的对话总围绕问题进行。

操作流程	教师行为	学生行为
问题情境	演示、提问	倾听
提出问题	提问	回答
收集信息	提问、接受、表扬、采纳、指导	阅读、运算、解题、做实验、回答
得出结论	采纳、指导	回答
交流评价	采纳、指导	评价他人观点或书本结论
学以致用	指令	阅读、运算、解题、做实验、总结

Ⅳ. 自主—探究式学习

适用范围：在普通初中学校适用于学生基础较好，具有良好学习习惯的学生。在课程内容上适用于理解、应用、分析、评价水平的知识。如初中数学中关于概念的学习和问题解决，物理、生物中的概念学习和科学能力的形成；语文、英语学科中的阅读和写作，英语学科中的听力学习和对话学习，历史学科中历史事实、历史概念、理念原理、历史思维方法和历史表述方法等。

操作流程：

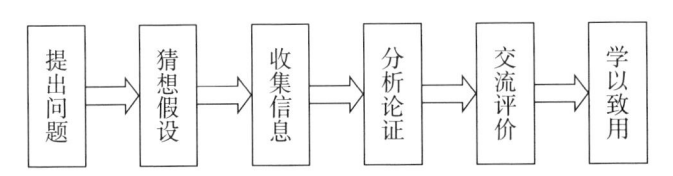

提出问题 → 猜想假设 → 收集信息 → 分析论证 → 交流评价 → 学以致用

师生行为：强调学生在已有知识经验的基础上，经历知识技能的发生、发展过程，在分析论证中得出结论。

操作流程	教师行为	学生行为
提出问题	演示、提问	倾听
猜想假设	接受、表扬、采纳	猜想
收集信息	接受、表扬、采纳、指导、提问	阅读、运算、解题、做实验、回答
分析论证	采纳、指导	回答
交流评价	采纳、指导	评价他人观点或书本结论
学以致用	指令	阅读、运算、解题、做实验、总结

通过两个材料可以看出，两所学校的校本化教育研究都比较扎实有效。其中教科院通州第一实验小学的自述中符合16项评价指标中的14项，而且多项指标多次出现，说明该校校本化科研的实际成效显著，不仅形成了良好的科研环境，有效的科研机制，而且成果丰硕。该校量化评价中处于A等级，与案例反映出的绩效状况一致。高井中学没有形成全校性的科研氛围，但是基于一个课题进行了深入研究，在此过程中符合16项指标中的9项指

标，特别是任务绩效和关系绩效两个权重较大的维度上表现突出，科研确实在解决学校的实际问题。该校量化评价处于 B 等级，与案例反映出的绩效状况一致。

综合量化评价和抽样检验的结果，说明以中小学教师为主体、以四维度十六指标为依据、以模糊综合评价法为主要方法对校本化教育科学研究进行评价的方法体系设计其结果可信度强，能够客观真实反映校本化教育科研实际情况。今后在运用中要注意对教师科研观的引导，帮助教师正确认识教育科研的目标和价值，以便教师能够更好地分析个人所面临的科研境遇，形成对参与科研活动的有效判断。

第六章

U-S 合作视域下校本化教育科研绩效影响因素分析及改进策略

不同的学校在 U-S 合作研究过程中表现出不同的校本化教育科研绩效，说明合作过程中存在影响合作效果的因素。对于这些因素的探究学界已有不少结论，但是目前已有研究往往是从合作过程中寻找答案，试图通过揭示合作过程中共同要素的差异体现或现实缺失，从而解释合作成效的差别。有效合作机制的建立固然重要，但是合作双方各自的基础特点也值得重视，高校或者中小学是否自身就存在某些问题导致合作必然低效呢？毕竟从实践角度看，改进组织自身问题相对于改进合作机制问题具有更强的操作性和基础性。因此，本章将从中小学、高校以及合作过程三个维度出发探寻影响因素。

第一节 U-S 合作视域下校本化教育科研绩效影响因素分析

一、三维度假设的提出

前期研究表明，U-S 合作中不同学校校本化教育科研绩效存在差异性，学校所处学段是影响校本化教育科研绩效的因素之一，除此之外还有哪些因素可能产生影响？

已有文献对影响 U-S 合作成效的因素做出了研究，高校与中小学的合作研究是一种跨组织的行动，这种组织行为的建构要素复杂，研究者从不同角度对高校与中小学合作伙伴关系的影响因素进行了分析。

古德莱德（Goodlad）提出了实现成功 U-S 合作的条件：中小学与高校能有效地分享彼此的知识和资讯；形成和传播共同的教育信念，并明确其在各自机构的实践中意味着什么；高校持续地改善教师教育课程和中小学持续改进学校的运作。❶ 富兰（Fullan）列举了维系合作的几个重要因素：以适宜的目标为依据；以双方实践、金钱、人力为投入；以建立交流、决策、解决异议的机制为结构；以保持相对的独立性和创造性的共同的愿景为焦点；以发展积极的人际和专业关系为过程。❷ 莱文森等（Lewison et al.）总结促进 U-S 合作顺利进行的经验包括：权力平等化，特别是在学习小组中，要给学校教师以较大的参与和决策权力；在初始阶段就取得校长的信任；同个别教师发展良好关系；持续不断的交流。❸ 卡姆普伊（Campoy）为成功的教师专业发展学校（PDS）提供了有价值的经验：了解合作伙伴的特点与需求，了解合作固有的困难以及所需的投入；为合作提供经费的保障；在合作初期就确立组织管理结构和机制；在双方参与人员中建立共同远景和广泛的支持承诺；妥善处理合作早期遇到的困难，避免教育再建构问题。❹ 史密斯（Smith）立足于经济人假设，建议 U-S 合作的组织者应尽量通过提高参与者

---

❶ Goodlad J I. School-University Partnerships for Educational Renewal: Rationale and Concepts. In School-University Partnerships in Action: Concepts, Cases, and Concerns [M]. New York: Teacher College Press, 1988: 3-31.

❷ Fullan et al. The Learning Consortium: A School-University Partnership Program [J]. An Introduction. School Effectiveness and School Improvement, 1995 (6): 187-191.

❸ Lewison, Mitzi, Holliday, Sue. Control, Trust, and Rethinking Traditional Roles: Critical Elements in Creating a Mutually Beneficial University-School Partnership [J]. Teacher Education Quarterly, 1997 (24): 105-26.

❹ Campoy, Renee W. A Professional Development School Partnership: Conflict and Collaboration [R]. ED455203, 2000: 149.

的参与感知度和实际收益来激励他们对合作的投入。❶ 朱嘉颖将影响 U-S 合作的因素归纳为三大类：第一是背景因素，包括合作的目标、合作的焦点以及合作的期望；第二是过程因素，包括双方的拥有感、角色以及组织活力、合作进程和步伐、资源及支援；第三是人员因素，主要指校外伙伴的特征。❷ 谌启标在综述了前人研究后，将影响 U-S 合作的因素总结为：组织文化因素、组织结构因素、组织情境因素、组织保障因素❸。

在实践中，大陆学者总结出促进 U-S 合作的一些策略，这些策略折射出相关影响因素。如李家成、吴遵民将"新基础教育"实验学校改革的推进策略总结为：自上而下、由内而外地促进学校转型；实验领导秉持理念的指导性与整体综合性思维；坚持将"人"作为变革的最终目标；实验过程动态生成、多维互动。❹ 马云鹏、谢翌等学者基于"优质学校建设"项目的实践，提出通过采取增强学校信任度、明确研究者责权、加强研究者之间持续互动等行动策略可以弥合大学与中小学在合作中的冲突和矛盾。❺ 牛瑞雪对于大学与中小学走出合作困境的策略：一是建立共同的合作目标；二是参与者角色入位；三是建立必要的机制与文化。❻ 赵玉丹则提出，确保大学与中小学合作成功的策略是走文化融合之路，建立制度保障。❼

可见，已有研究更多是从合作过程与机制出发，对影响 U-S 合作的因素进行提炼，虽然认识到高校与中小学存在组织文化差异，但是未能进一步挖掘不同组织中影响合作的深层因素。笔者认同合作过程中各要素的重要性，

---

❶ Smith, Martin H, Trexler, Cary J. A University-School Partnership Model: Providing Stakeholders with Benefits to Enhance Science Literacy [J]. Action in Teacher Education, 2006 (27): 23-34.
❷ 朱嘉颖. 探讨伙伴合作对教师学习的影响：一个理论的视域 [A]. 第七届海峡两岸课程理论研讨会论文集 [C]. 香港中文大学教育学院，2005.
❸ 谌启标. 西方国家大学与中小学的合作伙伴研究 [J]. 教育评论，2009 (3): 167.
❹ 李家成，吴遵民. "新基础教育"学校管理改革研究报告 [A]. 叶澜. "新基础教育"发展性研究报告集 [C]. 北京：中国轻工业出版社，2004：65-76.
❺ 马云鹏，谢翌. 优质学校建构的取向、模式与策略 [J]. 东北师范大学学报（哲学社会科学版），2004 (3): 127-129.
❻ 牛瑞雪. 行动研究为什么搁浅了——大学与中小学合作研究的困境与出路 [J]. 课程·教材·教法，2006 (2): 69-75.
❼ 赵玉丹. 大学与中小学伙伴合作：国外研究的现状及述评 [J]. 内蒙古师范大学学报，2007 (3): 31-34.

它们的影响都会体现在 U-S 合作中的校本化教育科研绩效上；但同时也认为，只在合作层面追因，而不深入到高校与中小学校各自内部因素之中，难以从根源找到影响 U-S 合作成效的因素。在实践中，高校与中小学对自身进行检讨、反思、改进的可行性更强，对合作过程中的要素改进很可能因为连环制约的关系力不从心。因此，本研究从另一个角度出发，通过实际调研了解高校和中小学对于对方参与合作研究行为关键要素的体验，从合作基础出发找寻成功 U-S 合作研究的必要条件，其目的是为了便于在实践中更有针对性地对不同主体的行为改进具有指导作用。

研究收集了 24 所中小学、5 所高校（科研机构）共 60 位 U-S 合作参与者对于影响因素的列举，将其归纳综合后提出 U-S 合作中校本化教育科研绩效影响因素相关假设：

H1：学校重视、教师观念、能力基础是中小学校维度影响 U-S 合作中校本化教育科研绩效的因素。

中小学维度（简称学校维度）主要考察学校领导对教育科研的重视程度、教师的学习与研究态度、学校教师的基本专业水平对合作研究产生的影响。当一所学校有意愿、有能力开展教育科研活动时，U-S 合作研究才能产生更好的效果，当高校一厢情愿或由行政指派强行介入消极中小学时，其合作成效将受到直接影响。这实际上也是前人文献中组织文化因素在中小学层面的具体落实。

H2：学术能力、转化能力、工作作风是高校维度影响 U-S 合作中校本化教育科研绩效的因素。

高校维度主要考察入校专家是否拥有专业方面的足够储备，能够在多变的现实情境中随时为校本化研究提供有效的知识资源和工具方法建议，能够很好地将理论知识与学校实际相结合，产生更有指导性、建设性、实效性的新成果，使教师们能够在认识和实践上有所突破，能够切实体察一线科研的需求，与学校教师形成从心理到行动的一致指向。已有文献大都表明中小学可能缺乏学术思想和学术自由，而高校似乎不存在研究文化的问题，但现实 U-S 合作研究中，高校科研人员理论僵化、理论真空、自我为中心等不适应情况也可能造成合作阻碍。高校科研人员并不必然具备能够推动 U-S 合作的能力，其必须在学术能力、转化能力、工作作风上有所建树方能投入 U-S 合作。

H3：合作的明确性、密切性、行政推动是合作方式维度影响 U-S 合作中校本化教育科研绩效的因素。

合作方式维度向来是学者们关注的重点，包含诸多因素。本研究无意重复论证，而是从现实出发，确定目前合作过程中三个最为关键的点位：目标是否明确、过程是否密切、是否有外力的推动进行量化验证。前两点指向 U-S 合作能够落在实处，后一点反映了合作中的中国特色，往往行政部门会产生强干预力量。

二、调查问卷的论证

（一）调查对象基本情况

研究对 175 名学校科研骨干进行了问卷调查，共回收 163 份问卷，全部有效。问卷回收率、有效率为93%。

调查对象基本情况如表6-1所示。

表6-1　U-S合作中校本化教育科研影响因素问卷调查对象统计学指标

($N=163$)

变量	类别	百分比
位置	城区	57%
	郊区	43%
学段	小学	65%
	中学	35%

续表

变量	类别	百分比
职务	校长、书记	2%
	副校长	7%
	主任	68%
	教研组长、年级组长	15%
	普通教师	8%
在校任职年限	0~3 年	1%
	3~10 年	53%
	10 年以上	46%

(二) 结构效度的因素分析

首先对问卷进行结构效度验证,经过探索性因素分析,在学校、高校、合作方式三个分量表中均抽出了三个公因子,命名为九个独立指标,分别为:学校——学校重视、教师观念、能力基础;高校——学术能力、转化能力、工作作风;合作方式——明确性、密切性、行政推动。根据因素分析结果,删去因子载荷量在 0.7 以下的题目,以保证问卷的结构效度。

1. 学校维度的因素分析

对学校维度的 17 道题进行因素分析,观察大部分相关系数都较高,线性关系较强,可以提取公共因子,适合因子分析。在 KMO 中,$p<0.001$,拒绝原假设,与单位矩阵有显著差异,KMO 为 0.909,说明适合因子分析。共抽出三个因子,共同解释率为 67.80%,丢失的信息较少。抽取主成分后各题项的共同性均大于 0.5,探索性因素分析结果如表 6-2 所示。删去的题目为 7、8、11、16、17、21、22。

表6-2 学校维度的探索性因素分析结果

项　目	学校重视	教师观念	能力基础
6. 我校领导经常强调教育科研的重要性	0.739		
7. 我校科研评价激励制度完善	0.529		
8. 我校能够保障科研活动所需的时间	0.631		
9. 我校能够为科研活动提供人财物的支持	0.770		
10. 我校积极鼓励教师申报课题、撰写论文	0.784		
11. 我校教师参与各级各类科研课题、项目的机会多	0.564		
12. 我校教师认同教育科研是其本职工作之一		0.762	
13. 我校教师认为教育科研能够促进其专业发展		0.745	
14. 我校教师乐于尝试新的事物		0.719	
15. 我校教师关注教学过程的优化改进		0.819	
16. 我校教师勤奋刻苦，奉献精神强		0.591	
17. 我校教师团队意识强		0.615	
18. 与本区其他校相比，我校教师教育教学基本功强			0.793
19. 与本区其他校相比，我校教师教原始学历高			0.799
20. 与本区同类校相比，我校教师市区骨干带头人多			0.870
21. 我校教师行动能力强，能够很好地落实学校、教研组、年级组提出的要求			0.614
22. 我校教师掌握常用教育教学研究方法			0.568

2. 高校维度的因素分析

对高校维度的27道题进行因素分析，观察大部分相关系数都较高，线性关系较强，可以提取公共因子，适合因子分析。在KMO中，$p<0.001$，拒绝原假设，与单位矩阵有显著差异，KMO为0.928，说明适合因子分析。共抽出三个因子，共同解释率为83.05%，丢失的信息较少。抽取主成分后各题项的共同性均大于0.5，探索性因素分析结果如表6-3所示。删去的题目为27、28、29、34、35。

表6-3 高校维度的探索性因素分析

项　　目	学术能力	转化能力	工作作风
23. 指导我们的主要专家（们）在全国或全市有影响力	0.860		
24. 指导我们的主要专家（们）有着自己的一套研究成果，能够打开我们的视野和思路	0.800		
25. 专家（们）能够提出具有前瞻性或创新性的学校（或某方面）改进建议	0.734		
26. 专家（们）为学校提供了高水平的讲座，提升了教师对教育的认识水平	0.804		
27. 专家（们）能够及时帮助我们对已有教育实践进行有力的总结和提升	0.685		
28. 专家（们）所说的话不晦涩，不抽象，容易理解	0.618		
29. 专家（们）十分了解学校、教师、教学的实际情况，很接地气		0.683	
30. 专家（们）帮助我们设计出了符合学校、教师实际的研究课题与项目		0.746	
31. 指导专家（们）能够将学校和教师的想法与做法融入下一步发展建议中		0.818	
32. 听了专家（们）的指导，我们知道接下来该怎么做了		0.807	
33. 对于我们在研究实践中出现的问题与困难，专家（们）能够及时关注，并提出应对建议		0.797	
34. 专家（们）的指导容易落实在学校具体教育教学管理事务中		0.637	
35. 我们和专家（们）接触起来自然舒服，不拘束			0.589
36. 专家（们）了解并体谅学校、教师的实际难处			0.765
37. 专家（们）和学校一些老师已经成为好朋友			0.757
38. 专家（们）对于学校的需求能够快速回应，不拖沓			0.838
39. 专家（们）主动为学校提供力所能及的帮助			0.732

3. 合作方式维度的因素分析

对合作方式维度的 15 道题进行因素分析，观察大部分相关系数都较高，线性关系较强，可以提取公共因子，适合因子分析。在 KMO 中，$p<0.001$，拒绝原假设，与单位矩阵有显著差异，KMO 为 0.943，说明适合因子分析共抽出三个因子，共同解释率为 83.01%，丢失的信息较少。抽取主成分后各题项的共同性均大于 0.5，探索性因素分析结果如表 6-4 所示。删去的题目为 42、43、44、49、50。

表6-4　合作方式维度的探索性因素分析

项　目	明确性	密切性	行政推动
40. 学校与高校（科研院所或其某些人员）间有明确的合作协议，或者其他方式的稳定合作关系	0.760		
41. 学校和高校（科研院所或其某些人员）间具有清晰的合作目标	0.786		
42. 学校和高校（科研院所或其某些人员）协商制定了明确的合作推进进程	0.678		
43. 学校和高校（科研院所）都有相对稳定的人员参与到合作过程中	0.675		
44. 学校和高校（科研院所或其某些人员）的阶段合作研究成果明确可见	0.668		
45. 高校（科研院所）专家能够全程指导学校的研究课题或发展项目		0.742	
46. 高校（科研院所）专家经常到学校来与领导、教师研讨		0.781	
47. 我们能够通过电话、邮件、微信、微博、QQ 等形式随时向专家咨询		0.775	
48. 高校（科研院所）专家经常深入我校课堂		0.703	
49. 没有研究任务，学校的重大活动我们也一定会请高校（科研院所）专家参加		0.588	
50. 高校（科研院所）专家和我们学校事实上形成了荣誉共同体，成绩共享，问题共担		0.682	

续表

项　　目	明确性	密切性	行政推动
51. 我校与高校（科研院所）间的合作关系是教育行政部门促成的			0.722
52. 教育行政部门会参与部分合作活动的设计与实施			0.739
53. 教育行政部门在经费上对于我校与高校（科研院所）的合作项目予以支持			0.805
54. 教育行政部门领导会出席我校与高校（科研院所）合作项目中的重大活动			0.836
55. 教育行政部门会积极配合我校与高校（科研院所）合作中的工作需求			0.724

（三）项目鉴别力分析

将各被试影响因素问卷总得分按升序排列，以27%作为分组标准分为高分组和低分组，对其进行各项目的t检验，结果如表6-5，发现对于量表中的各题项，高分组和低分组得分差异均达到显著水平，项目鉴别力良好。

表6-5　均值的t检验

	t	sig
Q6_ A1	-2.686	0.011
Q9_ A1	-2.996	0.005
Q10_ A1	-3.169	0.003
Q12_ A1	-7.813	0.000
Q13_ A1	-5.345	0.000
Q14_ A1	-6.800	0.000
Q15_ A1	-5.855	0.000
Q19_ A1	-2.392	0.022
Q20_ A1	-3.004	0.005
Q21_ A1	-3.576	0.001
Q22_ A1	-6.324	0.000

续表

	t	sig
Q23_A1	-6.148	0.000
Q24_A1	-6.498	0.000
Q25_A1	-7.433	0.000
Q26_A1	-8.278	0.000
Q30_A1	-8.551	0.000
Q31_A1	-7.376	0.000
Q32_A1	-8.710	0.000
Q33_A1	-9.709	0.000
Q36_A1	-4.468	0.000
Q37_A1	-5.413	0.000
Q38_A1	-5.297	0.000
Q39_A1	-6.203	0.000
Q40_A1	-7.997	0.000
Q41_A1	-8.368	0.000
Q45_A1	-7.496	0.000
Q46_A1	-10.578	0.000
Q47_A1	-9.979	0.000
Q48_A1	-10.517	0.000
Q51_A1	-4.720	0.000
Q52_A1	-7.061	0.000
Q53_A1	-6.857	0.000
Q54_A1	-7.413	0.000
Q55_A1	-7.431	0.000

(四) 信度分析

对删题后的问卷进行信度分析,为了验证量表中项目得分间的一致性,使用克伦巴赫系数法进行信度分析,得到信度系数为 0.966,大于 0.9,分半信度系数为 0.720,三个维度的分量表信度系数基本都在 0.8 以上,因此总体上认为所编量表的内在一致性信度是理想的，问卷可以投入调查，各维度指标的信度系数见表6-6。

表6-6 克伦巴赫系数表

维度	指标	Cronbach's α
学校	学校重视	0.696
学校	教师观念	0.914
学校	能力基础	0.810
高校	学术能力	0.932
高校	转化能力	0.950
高校	工作作风	0.875
合作方式	明确性	0.943
合作方式	密切性	0.939
合作方式	行政推动	0.938

三、U-S合作中校本化教育科研绩效影响因素实证分析

（一）调查对象基本情况

考虑影响因素研究与学校校本化教育科研绩效的相关性，选择已开展校本化教育科研绩效调查学校的科研负责人作为本研究的调查对象。为保证样本的代表性和问卷发放途径的可行性，选取海淀、东城、丰台、石景山、大兴、通州、顺义7个U-S合作促进学校科研发展方面项目较多的区县，城区和郊区兼顾，中学和小学兼顾，这些科研负责人所在的学校均为参与U-S合作项目科研意愿较强、具有一定成效的学校。问卷学校回收率、有效率均为100%。调查对象具体情况为表6-7所示。

表6-7　U-S合作中校本化教育科研绩效影响因素调查学校统计学指标（$N=61$）

变量	类别	百分比
位置	城区	56.5%
	郊区	43.5%
学制	小学	54%
	初中	18%
	高中	4.9%
	完中	16.4%
	一贯制	6.6%
U-S合作方式	学校发展（或科研工作）全面合作	21%
	课题或专项合作	79%

（二）结构方程模型分析

为验证假设，分别建立三个维度的结构方程模型，对学校、高校、合作方式三个维度与校本化教育科研绩效的关系进行拟合。

1. 中小学学校维度对校本化教育科研绩效的路径分析

以中小学学校维度的各指标为观察变量，中小学学校维度和校本化教育科研绩效为内因潜变量，建立 PA-LV 模型，路径图见图6-1，拟合度指数摘要表见表6-8。

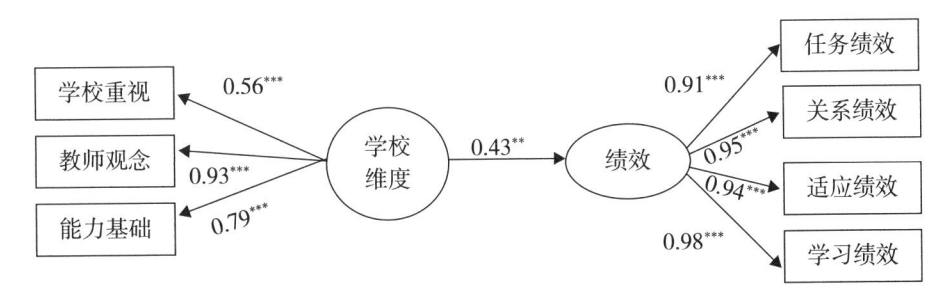

图6-1　学校维度对绩效的路径分析

表6-8 学校维度对绩效的结构方程模型拟合度指数摘要表

模型	χ^2	df	χ^2/df	P	NFI	TLI	GFI	RMSEA
缺省模型	11.7	13	0.899	0.554	0.973	1.005	0.953	0.000

从图6-1中看出，学校维度与校本化教育科研绩效显著相关，路径系数为0.43。学校维度因素由学校重视、教师观念、能力基础三个因子构成。其中"教师观念"的因子载荷最大，达到0.93，表明教师观念在学校维度对学校教育科研绩效可能影响最大，说明干部教师认为教育科研是其本职工作之一、认同教育科研能够促进其专业发展、乐于接受新的事物、关注教学过程的优化改进等思想理念对于中小学开展教育科研最为重要，因此，学校要加强教师观念的培养，营造中小学良好的科研氛围，激发教师的科研意识。其次是"能力基础"，其载荷达到0.79，说明学校科研起步早、教师基本功强、教师普遍学历高等能力储备对于开展学校科研也很重要，学校要提供更多的学习与培训机会，以使教师们能够提高自身水平，增强科研能力基础。同时，"学校重视"因子也有一定影响，学校领导经常强调科研的重要性、积极鼓励教师参与研究，并且提供人财物保证等支持行为也表征着学校开展教育科研工作的情况。

2. 高校维度对绩效的路径分析

以高校维度的各指标为观察变量，高校维度和校本化教育科研绩效为内因潜变量，建立PA-LV模型，路径图见图6-2，拟合度指数摘要表见表6-9。

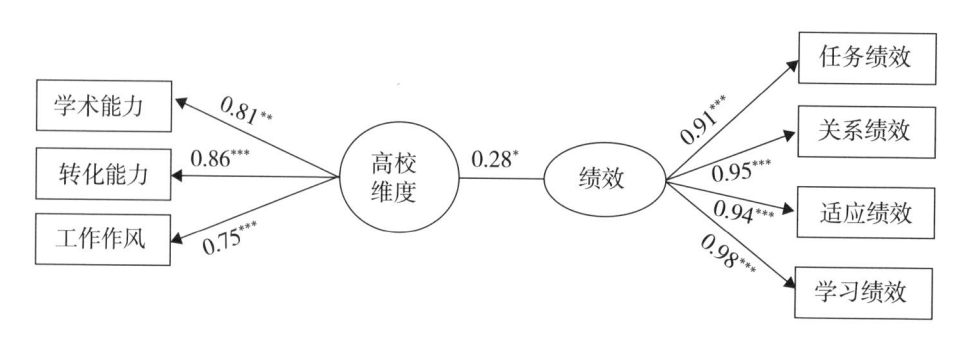

图6-2 高校维度对绩效的路径分析

表6-9　高校维度对绩效结构方程模型拟合度指数摘要表

模型	χ^2	df	χ^2/df	P	NFI	TLI	GFI	RMSEA
缺省模型	13.421	13	1.032	0.416	0.969	0.998	0.946	0.000

从图6-2中看出，高校维度与校本化教育科研绩效显著相关，路径系数为0.28。高校维度由学术能力、转化能力、工作风格三个因子构成。"转化能力"的因子载荷最大，达到0.86，说明高校专家能够针对学校的实际情况、具体问题提出具有理论前瞻或创新的解决思路，帮助教师找到改进研究的方向十分重要，为此，要进一步加深专家和学校的契合性，提高高校专家对中小学现状和语境的了解把握运用能力，提高指导的针对性、实操性，让理论落实到实践表征上，学校能够及时将专家的意见、建议转化为中小学教育科研工作中的指导方向和思路，以有效帮助学校的科研工作，从而提高学校教育科研绩效。同时高校专家的"学术能力"和"工作作风"也是高校层面因素的组成，专家要对学校教育有着自己的研究成果，并且能够和教师平等、友好、密切、主动相处，真正成为教师的伙伴而不是教练。

3. 合作方式维度对绩效的路径分析

以合作方式维度的各指标为观察变量，合作方式维度和校本化教育科研绩效为内因潜变量，建立PA-LV模型，路径图见图6-3，拟合度指数摘要表见表6-10。

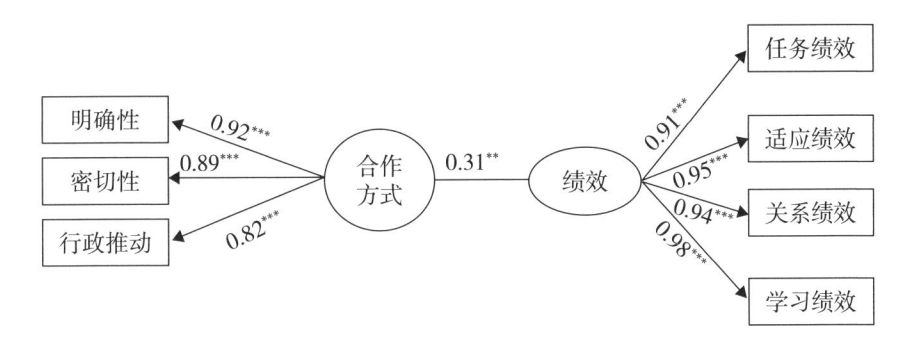

图6-3　合作方式维度对绩效的路径分析

表6-10　合作方式维度对绩效结构方程模型拟合度指数摘要表

模型	χ^2	df	χ^2/df	P	NFI	TLI	GFI	RMSEA
缺省模型	12.481	13	0.960	0.489	0.974	1.002	0.949	0.000

从图6-3中看出，合作方式维度对校本化教育科研绩效影响显著，路径系数为0.31。合作方式维度由明确性、密切性和行政推动三个因子构成。其中"密切性"的载荷最大，达到0.92，说明高校专家与中小学之间的互动深度和频度十分重要，能否进入课堂、能否经常讨论、能否全程跟踪等都对合作方式有所影响。"明确性"的载荷达到0.89，说明合作目标、内容、方式的明晰程度对于合作方式也很重要。同时，"行政推动"也有影响，教育行政部门的参与和保障不可忽视。

第二节　三维度行动改进策略

从本研究因素分析结果来看，"中小学""高校"和"合作方式"同时都与交互影响U-S合作中校本化教育科研绩效。因此，需要分别分析制定三个维度不同的改进策略，提升每一主体以及主体间交互过程中的观念与行为，奠定有助于将U-S合作工作转化为中小学科研绩效的组织文化基础和管理制度支撑。同时，"中小学"是U-S合作中影响最大的因素维度，因此要以中小学为重点，不仅寻求其自身合作科研能力的提高，同时也在高校和合作过程改进中关注对中小学的影响。

一、内生策略：中小学提升知识管理效能，推进组织专业化发展

长期以来，我国中小学校在"大一统"的教育管理体制中习惯于"执行"和"落实"的工作状态，以奉献精神为导向提倡"苦干"和以忽视学生身心发展规律为代价推行"蛮干"成为学校教育工作的基本风格，缺少发现与利用教育规律的"巧干"能力。随着国家管理体制和教育体制的改革，

学校教育自主权逐渐提升，如何有效运用教育自主权催生了学校对自身专业能力的关注，中小学的工作状态正在努力扭转"勤"与"苦"的工匠范式，向着"思"与"创"专家范式前行。学校要提高分辨、回应复杂多变的教育要素对教育实践提出的新要求、新挑战的能力，推动适合学校实情、符合教育规律、适应时代需求的教育产品不断被创造、积累、更新，与之相伴，独特的教育知识被不断生产、聚集、转化、扩散，这一过程，就是学校向专业化组织迈进的过程。教育知识的创生与运用直接关切到校本化教育科研的成效，而中小学需要通过内生策略主动生成提升自身知识创生与运用水平的能力。

支撑学校发展的专业知识不仅仅是学科内容的知识，更多是关于教育教学的知识，对教育教学知识的发现、利用与创新贯穿在学校工作的方方面面，学校必须加强对其知识的管理。"所谓知识管理（Knowledge Management，KM），狭义是指对知识本身的管理，包括对知识的创造、获取、加工、存储、传播和应用的管理，广义是指不仅包括对知识进行管理，而且还包括对与知识有关的各种资源和无形资产的管理，涉及知识组织、知识设施、知识资产、知识活动、知识人员的全方位和全过程的管理"[1]。

中小学校的知识管理具有以下特点：

（1）隐性知识为主体，呈分散状态，经常性更新，不易管理。在学校中，教师、干部头脑中存在大量关于教育规律、教育观念、教育策略的直觉与经验，这些直觉与经验作为隐性知识存在，但是对个体有极强的依附性、内容体系复杂，显性化转化存在较大的难度。同时，由于外部环境的不断变化，发现、采集、积累、利用、创新知识的周期越来越短，知识更新速度不断加快。这为中小学进行知识管理提出了挑战。

（2）知识的交流、集成与分享是学校整体专业实力提升能够依赖的有效途径。通过知识交流，教师增强彼此的了解、信任与配合，分享彼此的教育经验与智慧，最大限度地使以研究成果为载体的显性知识和以个人经验或范例为载体的隐性知识得到融合和升华，在研讨交流学习中更新知识、创造

---

[1] 邱均平，段宇锋. 论知识管理与竞争情报 [J]. 图书情报工作，2000（4）：11-14.

知识。

（3）专业知识的产生依托于综合知识的集成基础。学校教育科研成果的产生必须建立在综合分析现实情境多种要素影响作用的基础上，任何一个教育策略都是综合考虑的结果，而不像高校理论工作者的研究那样可以以真空理想状态为背景，仅仅从一个视角出发、围绕一个维度、依据一个理论深入挖掘。因此，在中小学创生教育知识的过程中必须把握和整合多方面知识，要不断补充和更新知识基础，知识的及时、大量输入十分必要。

（4）适切的组织文化与制度氛围促成知识生产与传播。中小学教师具有较强的组织依附倾向，其行为容易受到组织文化与制度的影响。提倡共享、鼓励创新、支持合作的组织文化与制度能够保护和激发教师研究热情，使教师自觉关注和致力于知识的生产、传播与创新，推动学校专业发展。

校本化教育科研是学校知识生产的主要渠道，是提高其教育能力提升的重要途径，是学校从执行性组织向专业性组织迈进的首要动能。知识管理是对以校本化教育科研为核心的学校发展的专业化促进，为提高校本化教育科研绩效，学校应从以下方面着手改进。

①提升校本化教育科研的科学性含量

从根本意义上讲，科学研究是人类在创新、求真、严谨的科学精神关照下对未知世界探索发现的一个过程。中小学校教育科研作为一项科学研究活动，与其他科研活动一样，必须具备"严谨、求真、创新"的科学性特征，否则，活动和所谓成果即使再丰富也难免会落入泛化和形式主义的泥潭，难以获得真正绩效。"一实验就成功，一推广就失败""研究轰轰烈烈，成果束之高阁""论文案例满天飞，教学实践唱旧曲""研究结论千篇一律"等科研低效现象之所以存在，直接的原因就是这些成果不是通过严谨的探究过程得出的，缺少求真取向下的深入分析，甚至很多时候所谓研究只是简单模仿了他人做法，并未体现出研究者在其中的智力加工。

为此，有必要在研究过程管理中增强科学性要求。一是注重研究前的设计，特别是要将研究的目的和预设具体化，使课题研究围绕具体问题在点上突破而非面上推进。二是注重研究过程中数据的收集和积累，通过课堂观察表、研究记录单、研究日志、案例集、课堂实录等形式及时记录研究过程，确保结论的形成是建立在大量的观察、实践基础上。三是注重对阶段性探索的及时分析与总结，多角度、多主体共同验证实施效果，认真寻找相关因素，正视问题与制约，积极面对质疑和挑战，在解决新问题中深化研究，清楚划定结论适用条件。四是注重成果提炼，突出研究所得的新发现、新方法，明确研究的直接产出内容，不用建立组织、学习培训、制度保障等工作性内容代替科学研究的创新成果。

【案例】

课堂学生个案观察表[1]

表格说明

说明1 以下表格由一系列表格组成，体现了学生个案研究从观察到分析再到反思自己的假设与实证假设的过程。这份表格可以由任课教师自己填写也可以由听课人填写。为了研究某位学生上课教师可与听课人约定共同观察分析某位学生，下课后交流各自的观察和分析，这实际上是一种以学生个案研究为内容的教研，也是提升教师学生个案研究和指导能力的重要方式。

说明2 以下表格主要根据以下理解设计：

（1）学生个案研究是以对学生的细心和持续的观察为依据进行的。

（2）学生个案的本质是对学生在知识技能掌握水平以及在知识与技能学习中所体现的思维方法及水平、学习方法及水平、研究方法及水平、学习态度及水平子方面发展状况的诊断。

（3）学生个案研究是一种行动研究，是教师对自己关于学生的各种假设的不断修正过程，而修正的依据是对学生观察，尤其是对教师根据自己的假设采取措施之后学生表现的观察。具体来说，学生个案研究过程是教师的观察、分析、假设、行动、再观察、再分析、修正假设不断循环进步的过程。

时间_____ 地点_____ 被观察学生姓名_____

授课教师_____ 授课内容_____ 听课人_____

---

[1] 季苹. 课堂学生个案观察表 [J]. 基础教育课程，2009（9）：43-44.

表A 学生表现（包括语言、行为和作品）的即时记录

时间或者序号	语言、行为和作品

说明：任课教师可以根据自己的回忆，按表现发生的先后即序号补记学生的表现，而听课人则可以按时间顺序记录

表B "优秀"和"问题"的分析

"优秀"和"问题"		优秀或问题的原因	改进措施
知识掌握	关键事实		
	概念原理		
技能	具体技能		
	技能的原理		
知识学习中所体现出的	思维方法方面		
	研究方法方面		
	学习方法方面		
	学习态度方面		

说明：①学生的表现会很多，教师可以集中对学生的某个相对优秀的表现和某个相对成问题的表现展开分析，这样会增强研究的针对性、同时兼顾"优秀"和"问题"也能够让学生产生一种"平衡感"。

②研究的意义在于找到表现为"优秀"或存在"问题"的原因并确定改进的措施。

③一般认为，有问题才需要改进而实际上优秀的表现也可以改进。

④以上分类仅供参考，对每一类的具体内容的理解至关重要。老师们可以根据自己的理解展开分析，不断学习探讨深化对分类和具体内容的理解，学生之所以"优秀"或存在"问题"的原因就在其中。

表C 假设与行为的一致性分析

假设	与假设一致的行为	与假设不一致的行为	深入观察及访谈	对假设的证实与证伪
假设一：				
假设二：				
假设三：				

说明：教师一般都是带着对学生的各种假设走进教室给学生上课的，只是大多数情况下可能是无意识的，但这些假设对学生的影响却很大。因此，通过实际的观察和研究不断修正自己对学生的假设很有意义。

表D 对学生的再假设及措施

再假设	具体内容	措施	需要讨论的问题	对假设的证实与证伪
再假设一：				
再假设二：				
再假设三：				

说明：教师对学生的任何判断被看成假设会更有利于教师的自我反思和调整。另外，教师对学生的看法停留在想法上还不够，要落实到具体内容和措施上，而且还要对自己的假设留有讨论的空间。

②营造良好组织氛围

关系绩效实质上反映了学校教师干部参与科研活动的心理态度。由于教育科研不是教师的主要岗位职责，而且存在一定难度和风险，客观上确实会增加教师的工作负担，因此教师干部在对科研工作的心理认同、行为投入方面确实存在一定的制约因素。但是关系绩效又至关重要，甚至一定程度上可以说，关系绩效的增长比任务绩效的增长对于学校发展的动力性意义更大。

众多研究均表明，组织氛围与关系绩效之间具有显著相关特征，因此从改善组织氛围入手寻求关系绩效的提升是可行路径。第一，要提高学校组织的灵活性，以研究内容为单位建立扁平研究组织结构，改变官僚体制，减少不必要的规定、程序和限制，为教师大胆交流与创新提供空间；第二，要提高教师的自主权限，允许教师依据自身需求选择推进研究的方式并自负其责；第三，针对不同群体设置具有挑战性但有可能达到的科研目标，每个人都能感受到自己对于实现学校整体目标的特殊意义，用组织的信任和期望激励教师；第四，随时使教师感受到学校对其科研投入的认可和支持，并且经常有机会获得精神与物质奖励；第五，加强教师团队建设，引入团体评价，将个人竞争转化为团队合力。

【案例】

麒麟小学"十三五"规划课题奖励制度❶

一、学校拨出教育科研专项款，作为教育科研成果奖基金。

二、每学期期末对实验教师进行阶段工作考评，按综合评价结果分出一、二、三等奖。

三、考评内容：根据该实验阶段的科研要求，从理论学习、过程记载、资料文档、实验成果。

四、结题后考评奖励，根据在课题研究过程中承担的主要工作，取得的实际成绩来奖励。

五、各类获奖：

（1）课题实验奖。承担学校课题实验，并认真开展实验研究者，按校课时方案，每学期奖励×—×课时的课时津贴。

（2）课题实验成果奖。按课题实验计划要求，坚持学习教育理论，积极研究探索，注意积累资料，并及时拟定阶段实验总结者，期末一次性奖励×元；课题实验结束，经专家鉴定验收合格者，课题负责人分别奖励×元，参与者×元。

（3）实验成果观摩课或观摩活动，按校级、县级、市级、省级、国家级等不同级别每次分别奖励×元、×元、×元、×元、×元。

---

❶ http://blog.sina.com.cn/s/blog_ b8f56efb0102x90s.html.

（4）立项奖。在校级以上成功立项的课题或子课题，按校级、县级、市级、省级、国家级不同级别分别奖励×元、×元、×元、×元、×元。

（5）论文交流、发表、竞赛评选奖。

①教育科研论文在教育刊物上发表：

国家级×元；省级×元；市级×元；县级×元。

②教育科研论文、成果在各级竞赛、交流：

全国级×元、×元、×元；省级×元、×元、×元；市级×元、×元、×元；县级×元、×元、×元。

（6）学校发展特殊时期，特殊奖项的设立与奖励，按特定标准执行。

③系统规划学校科研体系

中小学校教育科研是组织行为，因此，学校对整套科研工作的设计和实施负有全部责任。若想减少学校科研过程中的冲突和矛盾，更好形成研究合力，激发更大研究潜能，则必须做好学校的科研规划工作。

对于学校组织来说，教育内外部环境的变化反映在学校中生成了学校发展某一阶段所需重点突破和解决的问题，这些问题对于学校发展具有关键性的作用，决定着学校发展的方向。不同学校由于其发展基础和发展目标不同，因而在一定时期内所重点突破和解决的问题也不尽相同，选择哪些问题作为突破重点，则需要学校通过综合分析进行决策判断。在明确学校阶段发展关键问题后，学校需引导教师结合教育教学实际情况进一步聚焦，划定问题研究边界，形成课题研究内容体系和研究团队体系。为了确保研究任务的完成，学校一方面需要对教师进行持续激励，使教师主观上乐于切分出一定精力进行超越常规教学要求以外的思考和尝试；另一方面也要提供相应的条件保障，在物质、时间、智力支持乃至管理制度方面为教师提供资源和空间。在教师研究过程中，学校还要对研究进度、研究所需活动平台以及研究成果整合等事务进行组织和管理。科研规划就是要对上述内容作出合理、详细的安排与设计，从而促进适应绩效提升。

【案例】

教科研发展规划[1]

为贯彻落实学校教代会通过的"振奋精神、确立目标、团结奋斗、改革创新,坚定走内涵式学校发展之路,将陈经纶中学建设成为首都名校"的报告精神,结合学校"九年三段"示范校建设的实际需要,特制定陈经纶中学教科研发展规划。

一、学校发展状况回顾和总结

从2000年开始,学校制定了"九年三段"发展规划,希望通过九年的时间分三个阶段实现"北京市示范校""朝阳名校"和"首都名校"三次跨越。经过全体师生的共同努力,我们基本上实现了每个阶段的办学目标,现在正处在首都名校建设阶段。

1. 形成了比较成熟的办学思想

经过历史的积淀和实践的磨砺,经过张德庆校长研讨会的召开,学校的办学思想不断成熟,并逐步成为全体教职工的共识。

(1) 践行素质教育的教育思想

党的十七大把素质教育确定为教育的基本方针。陈经纶中学把践行素质教育作为学校的基本教育思想,搭建了12个素质教育的工作平台,素质教育已经在陈经纶中学落地生根。

(2) 三个个性化的办学思想

建设个性化学校、成就个性化教师、培养个性化学生。三个个性化的办学思想已经深入人心,并且成为教育、教学和管理的根本指导思想。在这一办学思想指导下,学校、教师、学生的个性得到张扬,潜能得到开发,发展空间不断扩大。

2. 提升并巩固了学校办学质量

质量是学校的生命线。学校在加强德育、办有特色、全面发展的基础上,始终十分重视以升学质量为核心的办学质量的提高,学校稳步进入朝阳区办学质量第一平台。

(1) 高考升学率稳中有升

高考升学率稳定在一本60%～65%,二本90%～95%,升学100%,高分段学生数量逐步增加。圆每个孩子上大学的梦的教育理想变成现实。

(2) 高中生源全面改善

随着办学质量的不断提高和办学特色的逐步形成,高中生源质量得到很大改善。优

---

[1] https://wenku.baidu.com/browse/downloadrec?doc_id=d2847964c281e53a5902ff4a&.

生数量由10人左右提高到近200人，高中实验班数量达到1/3强，高中生源全面改善。

3. 打造了一系列办学特色和品牌

（1）课程改革创新路

一天一节体育课、一周一节拓展课、一周一次研学课、一周一次午间论坛，教法即学法、以学论教的课堂模式……经纶课改创新路。校本课程改革在北京市交流经验。

（2）德育创新出新招

人生远足、志愿服务、部委改革、百名标兵、自管自育、全员德育、综合评价……德育创新出新招。人生远足、八好班级、部委改革在北京市交流经验。

（3）特长发展谱新篇

金鹏科技团、学生合唱团、学生运动队、拾贝公司、模拟联合国……特长发展谱新篇。金鹏科技团、学生合唱团、拾贝公司、模拟联合国在北京市产生影响力。

4. 确立了内涵式发展的办学之路

（1）外延发展攀高峰

人事改革促发展、管理改革促发展、课程改革促发展、引进教师促发展、年级平台促发展、德育创新促发展、素质教育促发展……外延发展攀高峰。陈经纶中学以改革为动力，实现了由低谷走向高峰的进程。

（2）内涵发展破瓶颈

当一个组织走到一定高度以后，高原和瓶颈现象必然出现。走出高原和突破瓶颈的唯一办法是加强学习、加强反思、加强科研、专业发展、内涵发展。2008年教代会审时度势，认定了内涵式学校发展之路，确立了以教科研为突破口，全面提升学校科学施教的水平，并解决管理瓶颈、能力瓶颈、创新瓶颈的问题，促进学校全面建设和发展，进而成为首都名校。

二、教科研工作组织和定位

学校实现科学内涵发展，必须有效开展教育科研工作，并对教育科研工作进行准确的定位。教育科研是保证陈经纶中学实现办学个性化和施教科学化的重要途径。在示范校建设第三阶段，我校对教育科研工作的基本定位是：用教育科研的理念和方法引领教育教学的改革和创新，并用教育科研来引领个性化教师的专业发展，进而提高整体的施教能力和水平，实现陈经纶中学的科学施教。为此，学校成立领导"一校三址"的教育科学研究会，附设教师专业发展委员会、青年教师研究会、班主任工作研究会等分会，与学校原设的教学管理处、学生发展处合力开展教育教学工作，推动学校内涵式发展。

1. 教育科学研究会秘书处

是研究会的常设机构，也是学校开展教科研工作的常务机构。负责协调和管理学校教育科研工作和研究会工作，由主管教科研的副校长分管，并设具体专门负责的秘书长一名。制定并落实教育科研规划和计划，服务教育科学研究会开展工作，有效推动学校内涵发展。负责《经纬教研》和《经纬教育教学通讯》编辑工作。

2. 学校教育科学研究会

陈经纶中学教育科学研究会由学校法人任会长，成立理事会。理事由教师专业发展委员会、班主任工作研究会、青年教师研究会等分会主任兼任，分别负责学校的素质教育论坛、学科建设论坛、教研组建设论坛、义务教育的九年四段教育论坛、青年教师成长论坛、班主任工作论坛、高学历论坛、名师工作室等日常工作，定期举办教科研工作的研讨交流，是学校开展教科研工作的有效平台。

三、教科研工作重点与落实

学校的教科研工作与日常的教育教学紧密结合，通过全面推行素质教育并有效解决"三个瓶颈"的办学问题，以全面提升学校的办学质量为目标，并以整体建构和思想引领为原则，以分步实施、重点推进为策略，在2009年内积极开展和推动以下重点工作。

1. 召开教科研大会

利用寒假校本培训的时间，召开教科研大会，整体构建学校内涵式发展的教学管理框架、德育管理框架、科研管理框架，推出学校优生培养方案、校本课程建设方案，修订经纬教师星级评价方案。这些方案将作为落实教代会报告精神、解决三个瓶颈和推动学校日常工作的行动指南，作为学校今后发展的规划蓝图。

2. 成立教科研组织

按照前面规划的教科研组织框架，成立教科研领导机构、工作机构，制定相应的工作计划，并分别组织落实。教师专业发展委员会、班主任研究会、青年教师研究会是教科研的重点组织，要结合首都名校建设目标和学校内涵式的基本策略开展教科研活动，促进学生、教师和学校的有效发展。

3. 加强教科研课题管理

要进一步规范国家级、市区级和校级课题管理，充分发挥各级课题的不同功能，带动学科建设、队伍建设，促进学校内涵发展，扩大学校影响力。每年的朝阳区教育教学成果奖要提前向老师宣传，让更多的课题和老师能够走上市区领奖台，激发教师参加教科研的积极性和创造性。突出校级课题和全员参与，实现教育科研和教育教学的有机结合。

4. 研究构建德育管理体系

与新课程改革相对接，配合学校内涵式发展目标，研究构建德育管理体系。将"三构建一加强"原来的"构建自我管理自主发展教育体系、构建人生远足体验教育体系、构建星级评定志愿服务教育体系式，加强校园文化建设"，研究构建为"构建自我管理自主发展教育体系、构建综合实践体验教育体系、构建综合素质评价教育体系，加强学校文化建设"。

5. 研究构建教学管理体系

与新课程改革相对接，配合学校内涵式发展目标，研究构建教学管理体系。"三改革一发展"将和德育的"三构建一加强"相呼应，形成一体两翼的教育教学管理格局。"三改革一发展"是指"加强课程建设改革、加强课堂教学改革、加强教师评价改革，促进教师专业发展"。校本课程建设方案、教师星级评价方案、优秀学生培养方案，将作为教学管理体系的有力支撑。

6. 研究构建特长发展管理体系

坚持学生为本、发展为本，构建科学规范的辅导教师管理体系、学生特长发展促进体系，有效开展各项活动，总结经验、提升理念、形成特色、打造品牌，概括出与"三构建一加强""三改革一发展"相呼应的管理模式。要将学生特长发展管理体系提升到与教学、德育同等重要的管理地位，在素质教育落实和学生特长发展方面发挥积极的推动作用。学生科协与金鹏科技团、体育活动与体育俱乐部、艺术活动与经纬艺术团、文化活动与学生社团建设、社会实践与志愿服务是素质教育促进会开展工作的主要内容和载体，拾贝公司和模拟联合国是该组织品牌建设的重点。

7. 研讨义务教育九年四段改革

嘉铭分校和帝景分校进行的九年一贯制整体改革方案已经实施几年，这是我校进行的一项办学模式改革试验，也是集团化办学的一个特色模式。嘉铭分校和帝景分校要密切合作，加强交流和研讨，总结出科学、规范、可操作的办学模式，组织专家论证，加强对外交流，促进成果转化，争取获得2010年朝阳区教育教学成果奖。

8. 探索并完善学科建设

学校各个教研组在学科建设上，都进行了有益的探索。数学教研组在教育科研和青年教师培养方面走在学校前列，在教学质量提升方面进行了探索，在和谐组织建设方面提出了目标，积累了一些很好的经验；政治教研组在和谐组织建设、队伍建设、教育科研和资源共享等方面取得了丰硕的成果；其他教研组也从不同方面做出了成绩，为我校进一步深化和完善学科建设奠定了基础。

当前，我们要积极探索中小学学科建设的规律，在学科组织建设、学科课程思想建设、学科教师队伍建设、学科制度建设、学科教研项目建设、学科资源建设、学科文化建设诸方面，形成完善的、具有中小学教学特点的学科建设结构，促进中小学学科建设的系统深化与发展，实现中小学学科建设的模式创新。

9. 深化校本课程开发

进一步规范和完善校本课程的开发与实践，促进校本课程的多样性、系统性的发展，为学生全面而又个性化的发展提供丰富的素质教育媒介，创造经纬特色的校本课程体系。同时，学校积极鼓励和支持师生根据兴趣爱好开展健康的特长活动、兴趣小组、人文社团，探索丰富多彩的素质教育活动形式。拓展课程、研究性学习、午间论坛，以及政治教研组的拾贝公司、语文组的课本剧、初中的中学生时事竞赛以及机器人、无线电等科技小组活动已经发挥了非常积极的作用。

10. 建立"为学而教"的教学模式

教是为了学，教学一定要落实到学生身上。我们要以推进新课程改革为动力，以推动学校内涵发展为目标，以提高课堂教学有效性为重点，积极有利于促进学生自主学习的课堂教学模式。我们要高度重视集体备课有效性、作业与考试有效性的研究与实践，切实树立以学生为本的观念，聚焦课程标准、聚焦有效课堂、聚焦教法学法、聚焦教学过程、聚焦学习能力、聚焦减负提质，构建为学而教、以学论教的课堂教学评价标准，实现课堂教学的模式创新。

11. 加强学校文化构建

我校有88年的办学历史，有近10年的示范校建设经历，有10余个比较成熟的改革模块，有比较丰厚的文化底蕴和内涵。校园文化建设应该与时俱进，发展提升为学校文化。学校文化应该由五部分构成，它们分别是由"三个个性化""践行素质教育"构成的突出现代教育特点的理念文化，由干部"我管我做我负责"、教师"我教我管我负责"和学生"我学我管我负责"构成的突出责任、效能的主体文化，"绿色校园、人文校园和青春校园"构成的环境文化，由"规范性德育、发展性德育、深层次德育、境界性德育"构成的德育亚文化，由"为学而教、以学论教、教法即学法"构成的教学亚文化。

12. 促进学校品牌建设

学校在"九年三段"示范校建设的冲刺阶段，要高度重视我校在近几年教育教学改革中所积累的多方面成果，经过精心的提炼、整理、加工和完善，特别是在学校办学、德育、学科建设、课堂教学等层面，促进成果的系统化和模式化，打造出呈现经纬特色、体现普通高中践行素质教育办学水平的教育品牌模块。学校要通过加强教育科研实现"四个一"。教师每个学期完成一个教育案例或论文，每个学年阅读一本教育书籍；学校每个学年召开一次教科研年会，印刷出版一本教师文集。

学校要加强与北京师范大学、首都师范大学、中央教科所、北京教育学院、中国教育学会等高校和科研单位的联系与合作，提升学校科研水平和影响力。结合学校内涵发展需要，引进各级教育科研课题，引进各级优秀培训项目，促进教师专业发展。通过北京市授予我校的"中学校长培训基地""骨干教师培训基地""课程改革样本校"等载体，输出学校特色品牌和成功的教育教学改革经验，启动新的机制加强对外交流和培训，提高学校知名度和美誉度，发挥示范校的辐射示范作用。

通过教育科研工作的整体规划和分步推进，建立"三改革一发展"的教学管理体系、"三构建一加强"的德育管理体系、"三专业一综合"的特长发展体系，构成学校层级的教育教学管理体系；尝试构建经纬特色的学科建设管理体系，使教研组和年级组遥相呼应，成为与学校层面的三个管理体系相对接的中层管理组织体系；班级管理模式和备课组管理模式也将逐步纳入我们的研究视线，将来成为与校级和中层管理体系相适应的基层管理模式。学校管理体系的建设目标是，逐步建立起德育—教学—特长发展、教研组—年级组、班集体—备课组三个层面，既相对独立又相互配合的，分专业、立体化、全方位的教育教学管理网络体系。教科研是穿越其中的科学链条，是促进干部、教师、学生与学校教育教学体系共同成长的内在动力。

④培养教师知识获取与传播能力

学习是教育科研的重要基础，若缺乏既有知识的借鉴，轻则导致研究效率的急剧下降，重则导致研究能力的丧失。应该说，绝大多数教师的学习热情较高，他们十分渴望学到更多的知识以丰富自己的认知储备，更希冀通过知识的学习获得改进教育教学、提升教育质量的智慧。因此，学校高度重视专家培训讲座的引入，请什么专家做什么讲座往往成为科研工作的重要内容之一，而对于本校教师——这一潜力无穷的培训资源却熟视无睹。外请专家毕竟有限，学习绩效的增长更多要依托本校对本校教师学习潜能的挖掘。

对于提升本校教师的学习能力，提出三点建议：第一，提高教师文献学习能力。文献综述对于很多中小学教师来说都是鸡肋，教师难以从文献检索中获得更多信息，只能从百度等网站上抄些概念作为文献研究的结果。这是因为，教师缺乏基本的文献检索能力，不知在哪里查找文献，不知查找怎样的文献，不知如何处理文献内容，同时也不愿意花费大量时间去做文献工作。文献综述看似耗费了教师大量精力，不如直接从别人处拿来高效，但实际上，文献查找与整理的过程正是教师对自己研究前期基础的学习过程，只有以他人研究为参照，才能更好地设计出将要开展研究的突破点和价值所在。为此，学校应重视文献研究环节，为教师提供必要的物质支持和技术指导，让教师通过文献与其他研究者对话。第二，设计本校教师讲座系列。此处所指教师讲座并不是优秀教师的经验传播，而是出于研究所需和个人爱好，教师针对某一主题自行学习相关知识，对学习内容进行自主加工和处理后再以讲座的形式进行分享。第三，利用现代信息技术，开设教师学习平台，采用组织推送与群体建构相结合的方式，一方面由研究负责人将研究学习资料推送至每位教师供其学习，另一方面由教师自行上传推荐阅读材料实现相关学习资料的逐步积累。当自我培训、实时学习成为学校常态后，学习绩效自然提升。

【案例】

让每个教师轮流开讲座[1]

培训教师，促进教师专业成长，这是任何一所学校都必须要做的事。培训教师的途径很多，大家熟知的途径是："走出去，请进来"，组织教师集体备课，开展教学研讨，等等。我校的每位教师都接受过这样的培训，但总感觉教师变化不大，各自为战的现象还是相当普遍，每位教师的优势还无法整合起来，无法构成学校独特的教研文化。

我校是一所新建校，教师由三部分组成：一是本地优秀教师，二是从师范院校招聘的优秀毕业生，三是从全国招聘来的优秀教师。经过全校师生七八年的共同努力，学校已经在省内外有了一定的名气，但大部分教师在学校办学四五年的时候就进入了专业成

---

[1] 陈蕾. 让每个教师轮流开讲座 [J]. 新教育海南，2009（2）：35.

长的高原期。如何突破于继续沿用原来的方式，我们尝试过，效果不明显。这个学期，我们启动了一个新的教研计划——每周请一位教师给全体教师开讲座，时间是一个小时，讲完后大家研讨。我们小学部有50位教师，到下一年的上半年，每人就可以轮到一次。

一个人在异地开讲座，所讲内容只要案例有启发性，在表达上幽默风趣一点就可以了。但如一个人在本校开讲座，不管是讲座内容还是说话方式，都需要再三斟酌，因为在本校开讲座，大家对你都非常熟悉，清楚你的优点和缺点，都知道你在公开课上的表现，了解学生对你的评价。虽然我们不会以此来评价教师，但主讲者读过什么理论书籍从讲座中可以看出，做了哪些研究从讲座中可以听到，在教育教学方面是否有独特、深入的思考也可以听出来。面对这些，没有哪位教师会随随便便、简单应付。另外，开讲座与平时上课不一样，因为，平时上课教学对象是学生，现在的听众是教师，都是行家，你的观点对不对，你做得怎么样，都瞒不过教师的眼睛。

这一切，不需要讲解，每位教师都非常清楚，所以，在启动这一计划之前，我没有任何担忧，因为我们相信教师们会把自己最亮丽的一面展现在全体教师的面前。这一教研方式公布后，首先得到了全国招聘来的十多位教师的支持，他们都爽快地同意先开讲。

单宇老师参加过我省美术教材的编写，教师们都知道他对赏识教育情有独钟，但过去单老师一谈赏识教育，有的教师就不屑一顾，这次讲座他没有讲美术，而是以《做一名会忽悠的老师》题目开讲，他巧妙地把赏识转换成"忽悠"，幽默地讲述如何教育少数"问题学生"，所举例子都是教师们熟悉的。在讲座中，教师们知道了他曾自费前往广州参加过周弘的赏识教育培训，就是那一次学习让他明白了如何按照科学的规律去教育孩子。

高子阳老师参加了苏教版小学语文教材的编写，对全国使用该教材的教师做过近百场培训，听高老师《听、说、读、写的原点在哪里》的讲座，不管是语文教师，还是数学等其他学科教师，都真正明白了"听、说、读、写"这4个字的具体含义。虽然这4个字非常简单，但它们从古到今是如何一步一步演化的，大部分教师还真的不清楚，而这次讲座让教师们大开眼界。

这一教研方式，虽然实施只有三四个月，但教师们的精神状态发生了积极变化，他们认为这种教研方式新颖、独特，能督促自己不断成长。

二、转型策略：高校理论者关注实践导向，实现理论与实践的双向建构

（一）转变教育研究范式，从书斋走向田野

范式在本体论、认识论和方法论三个层面对常规科学研究活动进行着指

导。"逻辑思辨"成为现阶段我国教育研究领域主流研究范式的特点,此范式在本体论、认识论和方法论都体现出简单思维的特征,即世界的本质是简单的,一定有隐藏在纷繁复杂的表象背后的本质,事物有着确定的发展规律,只要揭示了事物发展规律,就能预测事物发展,教育研究也致力于对"教育规律"的发现。然而复杂科学表明世界固有的本质属性就是复杂的,复杂现象是世界复杂本质的反映,并不是我们对事物认识不充分,认识的发展未必能够使复杂现象简化。换言之,本体论层面上,存在着不同于所谓一般事物和现象的复杂事物和复杂现象;方法论层面,还原论对于复杂事物是无效的。因此,必须用复杂方法来处理和解决复杂事物或现象,采用机械论、决定论、还原论等简单方法处理复杂系统的问题可能会导致偶然、不确定、非线性因素被当作干扰而排出研究视野,事实上,科学发展证明正是这些偶然、不确定、非线性因素参与了对世界本质的塑造。

规模巨大的教育系统因其内部各要素间的非线性相互作用导致了无法消除的不确定性,正如尽管我们经常将学生意外伤害作为学校发展研究的无效干扰,但此类事件确实决定着学校教育的本质特征。人的发展与培养过程既是有序的又是开放的,教育经验的积累促使教育系统不断发生革新……这表明教育系统是一个有自组织功能的复杂系统,具有不可还原性。"教育不同于物理生物现象,重大的、综合性的教育问题,不可避免地包含着众多错综复杂、交互作用的因素,传统的逻辑思辨寻求普遍规律进行演绎推论的分析方法是无效的。因此教育研究范式需要变革。教育研究的思维方式从简单走向复杂,把复杂思想作为重建理论是其列入新的科学家园的一种机遇"[1]。因此,教育研究应秉持复杂思维,直接面对现实中复杂的教育实践。

基于这样的本体论和认识论,大学教育理论研究者在研究中就必须以直接的教育现象为研究对象,摆脱以"宏大叙事"为表征的哲学思辨式概念体系,转而致力于小型化理论的建构。在研究方法上,不是通过寻求证据去证明研究之前所持的假设从而进行由上而下的理论推演,而是要将从实践中获

---

[1] 叶澜. 世纪初中国教育理论发展的断想 [J]. 华东师范大学学报(教育科学版),2001(1): 1-6.

取的研究资料与信息进行摘要，通过扎根理论的方法归纳分析出研究结论，自下而上形成理论，提高研究的针对性和问题解决能力。

杜威曾经说过，"教育实践提供构成所探究问题的资源和题材，它们是所研究基本问题的唯一资源。"[1] 实践是第一位的，也是最终的，实践是开始，也是结果。我国当前的教育研究应该提倡更多采用质性研究范式，倡导更多进行理论联系实际的、以扎实田野工作为基础的研究，依此进行中国本土特色教育理论的建构。高校教育理论研究工作者要做到面向田野、基于田野、忠于田野，深度研究具体教育问题，在整体和具体的研究中获得对复杂教育现象全面而深入的理解。

高校理论工作者要具备进入中小学现场融入一线的能力，通过与教师共同研究获得新的发展。"行动研究"是高校理论工作者进入一线开展科研的最有效形式。行动研究的要义主要体现在"行动"与"研究"这两个关键概念的关系上。所谓"研究"是以分析事实和建立新知识为主要过程，借助调查、实验、收集与分析资料等手段获得研究发现；而"行动"则是将研究发现应用于实践的过程。在传统研究范式中，高校理论工作者和一线工作者分别作为研究主体和行动主体而相互分离，一线工作者不参与研究，而只是将研究出来的理论在实践中付诸实践。该范式的弊端就在于把研究和行动截然分离对立，只接受"纯粹的"研究者（理论工作者）和"纯粹的"实际工作者，从而导致研究者并不了解实际工作者的需要和境况就进行研究，实际工作者也不明白理论的本质含义以及外延概念，不清楚如何把理论有效转化为多样、鲜活的实践，因此只能机械套用，难以达到改善现状的理想目的。行动研究将"行动"和"研究"的过程相融合，研究者与行动者合二为一，研究者和一线工作者都同时承担研究和实践的职责，共同在实际问题的解决中得到理论上的收获。高校理论工作者只有真正参与到行动研究中，才能深刻认识到教育现象的复杂性表现，也才能从更符合实际的立场提炼和归纳教育发展理论，唯此成果才更有生命力。

---

[1] [美]杜威（Dewey J.）. 民主主义与教育［M］. 陶志琼，译. 北京：中国轻工业出版社，2014：67.

在行动研究中，高校理论工作者要摒弃高高在上的心态，转变教育研究观念，积极参与到教育教学活动中，密切与学校的往来，多方位了解和收集学校发展信息，认真听取教师意见建议，以实践要素需求为切入点设计相应研究活动，不断完善和充实自身的行动研究能力。

【案例】

早在20世纪80年代末，在提出教育学需要有以提升理论水平和自我意识为目标的所谓"上天"工程的同时，叶澜就提出了"入地"工程——直面实践，深入到实践中去研究教育问题。探索的第一步是和陈桂生教授一起在上海的10所中小学校开展大面积提高教育质量的综合调查，这个项目前后持续了近两年时间。这次实践，使得叶澜深深体会到了实践工作者具有独特的实践智慧，这些智慧是教育理论研究者缺少的，却是十分珍贵的。

1991年，《基础教育与学生自我教育能力的发展》的课题研究在一所小学展开。这个课题就是她的第二个"入地"工程，这个看起来有很强理论性的课题，实际上是一个如何将教育理论中的基本命题转换成实践形态的探索性研究。其理论的基础与《教育概论》中"教育与人的发展"的内容有关。第二次"入地"给叶澜带来深深的感触和重要的收获。在教学的一线研究中，她看到了学生极大的潜力，而学校教育实践中最忽视的是"关注学生可能发展"的一面。这是中国教育的症结所在。学校要改变这一状态，最终是要通过改变教师头脑中的教育思想和他的行为实践来实现。"没有教师的解放，就没有孩子的解放；课堂成为一种什么样的课堂全掌握在教师的手中"。她认为"教育理论要变为实践，其中有一个主体转换，即由理论主体转换到实践主体。"教师应是有创造性的实践主体。正是在这一研究的过程中，中国社会进入到重要转型时期。感受了时代大潮的叶澜产生了新的愿望：深入研究转型变化的实质和方向，建构符合时代精神的新教育理念，并以新的理念去改变现有的学校实践，逐渐实现学校的转型。同时，又在对学校转型的实践研究中，形成和发展当代教育学理论。就这样，一个新的"理论与实践双向建构"的学术研究目标确立了，将这个目标转化为研究行为的就是自1994年开始，持续了已近12年，至今还在继续的"新基础教育"研究。❶

---

❶ 李政涛. 追寻中国教育学重建的原点——"生命·实践"——叶澜学术思想及研究实践述要[J]. 国家教育学院学报，2005（12）：8-9.

（二）完善高校评价机制，尊重研究活动或成果的多样性

虽然高校理论工作者已和中小学校形成了伙伴关系，积极在与中小学教师干部一起进行教育研究，但是其工作的绩效还要由其所属高校来进行评价。"从行为与激励的角度来看，自我判断能力、角色行为偏好（个人知识的形式）和领悟学校所期望的角色行为是预测教师行为强有力的指标。"[1] 也就是说，高校理论工作者会参与那些他们认为自己隶属高校期望他们完成的活动，并关注自己隶属高校重视的人或事。在实际运行中，高校往往是通过教师评价制度和资源分配政策来向教师明确表明学校的关注偏好。由此可见，高校的评价导向对于理论工作者与中小学校开展合作研究的投入程度具有重要影响作用。

目前高校对教师科研绩效的评价主要以文章发表数量、文章发表级别、出版物、转引率、承担课题数量、承担课题级别、课题与项目（科研）经费为主要指标；对教师的评价往往由学校行政管理部门进行。可明显看出，这些评价指标十分不利于高校与中小学的合作。因为合作过程大量时间、精力的付出并不能全部体现在论文和课题这一成果载体上，对实际问题的解决证明了研究的效用，比发表一篇无关痛痒的论文更能反映理论工作者的学术水平。而且同时，现有学术期刊审稿偏好也更倾向传统研究范式下的理论建构，对于以质性研究、行动研究为主要研究方法所揭示的研究结论不够重视，因此发表困难。对于项目经费而言，除了个别地区行政部门资助的合作项目外，学校本身研究经费有限，因而理论工作者在获得研究经费这一指标上也没有优势。

为了促进U-S合作这一符合教育研究特点的研究模式进一步发展，扭转高校科研绩效评价的不足，提出以下建议：

（1）学术成果载体多元化。不仅以论文、著作、课题为评价指标，将理论工作者参与的学术活动以及其所进行的与业务相关的创造性活动也作为评

---

[1] 赵庆. 美国学术反思运动对高校教师科研绩效评价的影响及启示［J］. 理工高教研究，2009（28）：72.

价的要素。比如与中小学进行合作研究本身就属于研究活动，建立了多个学校协同研究的模式便是创新活动，与学校共同完成的研究任务以及研究中形成的实践成果也可作为理论工作者绩效的证明。在此，可参考艾瑞欧拉（Arreola）对学术和创新活动进一步分解，她将"学术与创新活动"分为了四个部分[1]：精通（Proficiency），在专业领域内保持领先水平；发现（Discovery），在各种形式的研究中有所突破；传播（Dissemination），通过出版、报告、展览等形式传播推广研究成果；转化（Translation），将研究成果转化为面向专业领域或公众的产品、服务、有价值的演出或展示。如此一来，很多丰富的研究实践活动都能成为反映高校理论工作者有效工作的指标，而也能够激励这些人员不断探索新的实践。

（2）学术成果评价指标质量先于数量。评价指标中，应该首先考虑质量问题，在质量的基础上再考虑数量问题。之所以要采取这样的原则，原因在于科研与学术的最大价值就是研究质量的深入和提升，人类思想发展的历史和人类科学技术发展的历史都一致表明，任何一个思想家和科学家对历史的贡献都不是靠论文数量的堆积而是靠探索的深度和杰出的发明、发现带给人类物质和精神生活的新变化。推动人类发展是学术科研活动所追求的最高目标和最大价值。

达到一定学术水准和学术价值的学术科研活动及其成果，至少应该具备下面两个基本条件中的其中一个条件：一是具有创新性品质，二是具有总结性品质。其中创新性品质又比总结性品质更具有价值。并且这两个品质也是每一项学术科研活动及其成果应该具有的最基本的学术品质，如果一项学术科研活动及其成果不具备这两个品质中的任何一个，只是在重复前人的研究成果，那么这样的学术科研活动及其成果显然是没有任何学术科研价值的。学术的创新性品质，又包括开创性品质和发展性品质两种不同的形式。开创性品质主要是指学术科研活动发现了前人没有发现的新现象、新事物、新问

---

[1] Braxton J M, Luckey, William, Helland, Patricia. Intitutionlizing A BroaderView of Scholarship Through Boyer's Four Domains ［R］. ASHE-ERIC Higher Education. Report，JOSSEY-BASS，Higherand Adult Education SeriesWashington，D.C. 2002：154.

题、新方法；或者提出了新思想、新观点；或者解决了前人没有解决的问题。发展性品质主要是指在前人研究的基础上，对前人的研究和探索进行了新的补充或者修正或者优化或者发展，等等。其中开创性品质又要比发展性品质更具有学术价值。因为"创造新知是学术研究的终极目标和神圣使命，也是学术的生命之所在"。❶

（3）避免简单量化评价。在评价方式上应引入同行评议以及多主体评价等方法，综合判断研究成果的质量及其对现实的促动程度。可建立学术评价专家申报制度，理论工作者根据研究对象自主选择能够对其研究价值进行专业判断的专家类别（而不是具体人），由学校统一联系专家组织评估。专家类别的构成应多元化，在同一学科内除了考虑资深研究者外，研究所涉及利益相关群体的代表也应进入评审专家库内，但在评价时不直接评价与自身直接相关的项目。举例来说，北京市海淀区的教委主任能够作为高校教育研究绩效的评价专家，但是他不能评价在海淀区开展U-S合作的项目，只能评价在其他区进行的项目。

【案例】

新加坡南洋理工大学教师评价内容涉及教学、科学研究及学校、社会贡献三方面。评价途径包括学生评价、同行专家评价、评价委员会和提升及任期委员会的评价等。其中教师的任职、晋升和科研经费的调拨方面，校外的同行评价起到相当重要的作用，这样可以更少地受到同行间利益冲突的影响，使评价更加具有说服力。评价结果与加薪、晋升、续聘相关。其中对"奖金"的影响最大，表现出色的教师年度奖金要比平均数额高很多。❷

加拿大麦克麻斯特大学每年都要求每位教师和其系主任、院长一起写出一份关于他过去一年工作情况的报告，内容包括教授的课程、指导的研究生、在出版物和会议上发表的文章，以及其他职业活动（包括担任咨询）。这份年度报告就是系主任及学院院长用以评价这位教师一年来所取得的成就和业绩的基础，同时又是决定增加其薪金的基础。增加薪金的建议和这份年度报告通常是一起送到学术副校长的办公室。增薪数额由校长

---

❶ 李醒民. 学术创新是学术的生命［N］. 光明日报，2005-11-01.
❷ 王琳. 国外大学教师绩效评价制度及借鉴意义［J］. 太原师范学院学报（社会科学版），2011（3）：133-135.

通知到每一位教师。❶

美国密歇根大学把跨学科综合作为学校的使命之一，其工程学院对教师研究工作的内部评价使用了档案袋的形式，包括了两个部分：评价委员会评语和教师提供的评价信息。其中要求教师单独列出是否有新的研究方向，鼓励教师多作跨学科研究。❷

表6-11 密歇根大学2008-2009年教师科研绩效评价

候选人研究档案	候选人研究工作的个人陈述
	正在进行的研究项目
	经费与合同（过去、现在和将要进行的）
	新的研究方向
	出版物和学术活动
	技术转化和企业活动（专利奖励、专利申请、技术转化活动、企业活动）
	其他（专利等）

（三）变革教师教育课程体系，注重对教师教育研究素养的职前培养

在U-S合作中，教师的研究意识和研究能力制约了校本化教育研究绩效的获得。教师研究素养的不足固然与其工作状态、学校文化以及管理制度相关，但也不可否认，教师们基本没有接受过教育研究的培训和训练，对什么是研究、为什么研究、如何研究等基本问题没有完整的认识，他们在职前就被培养成沿袭教育传统、传授学科知识的定式，因而当研究任务来临时，只能在学校的要求下碎片式地学习，吃力地进行研究。由此可见，教师教育，特别是职前教育对教师研究素养以及综合能力培养的不足影响了校本化教育科研的有效开展。进一步来看，实际上很多教师的其他专业水平也并不能很好地满足教育教学的需要，在以"解决把课上好"为主要问题的学校中，对教师提出科研的要求无疑强人所难。

---

❶ 王琳. 国外大学教师绩效评价制度及借鉴意义［J］. 太原师范学院学报（社会科学版），2011（3）：133-135.

❷ 资料来源：http://www.enginumich/edu/admin/faculty/ptr/0809guidelinesrev072480.Pdf.

有学者研究了目前我国师范教育课程结构后指出四大问题❶：第一，课程结构失调，学科内容比例过大，教育专业内容比例偏低，准教师们储备了丰富的学科知识，但是不懂得如何把握和利用教育、教学和学生的基本特征。第二，课程类型单一，以讲授为主，自主学习、教育见习、教育实习明显不足，隐性课程、选修课程不足，阻碍了准教师职业观念的全面树立。第三，教育内容割裂，只重视各科内容的自身逻辑系统，而忽视不同学科内容间的横向有机联系，造成准教师知识面窄、概念生硬，在未来的教学中难以解决复杂的、综合性较强的实际问题。第四，课程空间封闭，忽视学生综合能力、实践能力的培养。

为此，为了增强校本化教育研究的后续力量，提升校本化研究的水平起点，建议对师范教育课程进行调整，要增强对教师研究素养的培养。教师培养的目标由注重知识记忆结果的培养转向启发探究下问题意识的培养，教师培养的过程从知识授受方式转向研讨式教学方式，在师范教育中培养教师对教育实践的敏感性以及对教育经验的批判反思意识和理性抽象能力。具体举措包括：

（1）开展研究性学习，培养准教师的研究意识和规范。

（2）加大教育专业理论课程比例，分解传统课程。把原有教育学、心理学课程分解为现代教育学基础、德育与班级管理、中小学心理咨询、中小学教育科研方法等课程，引导准教师从对一般原理的了解深入到专题研究，从对基本规律的了解深入到具体环节的操作和具体问题的解决，获得教育研究必要的理论基础。

（3）大量开设选修课程。通过多维课程使准教师不仅获得教育理论知识，而且在教学组织、教学评价、教育科研以及学生管理等方面都能掌握理论、习得技巧、锻炼能力，为实现专业化奠定良好的基础。要在加大教育学、心理学及学科教育类课程建设力度的同时增加基础教育改革、教育评价、教育调研与实验、学习方法指导、竞赛辅导等选修课程，满足学生个性

---

❶ 付义朝. 构建新型教师教育课程体系［N］. 中国教育报，2008-11-10（006）.

化学习、全面发展的需要,为有研究潜质的准教师提供更多学习机会。

(4)加大实践教学的比重。可与中小学开展联合教师培养活动,以中小学为基地设立教师专业发展学校,为师范生情境化学习提供组织和制度保障。延长实习和见习的时间,实行一学期或半年的顶岗实习。变单一的实习讲课为以实习讲课、学习指导、学生活动组织、班级管理和学校管理为内容的全方位教育教学实习。实习的过程不仅是学习实践,还要学习反思与研究,提高对教育实践的理性关注。

【案例】

新加坡的职前教师教育课程包括20%的教育研究,50%的课程研究,25%的教育实习以及5%的语言与书写技能。其中教育研究模块主要开设了《教育的批判性观点》《教与学的社会情境》等一些课程,帮助师范生学习基本的教育教学观点,使师范生养成在未来的复杂教育教学生活中,对那些习以为常的教育教学事件有意识地进行"是否如此"和"为何如此"的追问与反思,从而在更深刻、更本质、更理性的层面上描述、领会、把握并解决教育问题。

加拿大安大略省的教师教育项目中,将理论课程学习与教育体验交替穿插进行,并开发了自我研究(Self-study)、课例研究(Lesson-Study)、POE法(Predict-Observe-Explain)、档案袋(Portfolio)等方法。通过以上方法,使反思成为师范生的一种连续性的日常行为习惯。

美国的范德堡大学(Vanderbilt University)的职前教师教育课程,规定每位师范生至少经历30小时的教学观察,其中包括3小时的中小学班级实地观察以及27小时的独立研修时段。并且,在实地考察时期,需要完成7个反思报告。其主题采用自选和指定相结合的方式,包括"个人对差异性教学的理解""对所在见习机构的期望与思考""教师访谈报告"(合作教师的知识、技能、理念及其对学生的影响)、"回顾性反思"(对第一次反思进行回顾,并说明自己的差异性教学理念如何在见习中得到应用)和三个自由命题的反思报告。[1]

---

[1] 付光槐. 基于解放旨趣的职前教师教育课程重构研究[D]. 西南大学,2016:156.

三、融合策略：合作过程依托制度引导，促成 U-S 双方共生共赢

（一）追求深度融合，创生合作研究文化

文化融合是 U-S 合作的根本保证。所谓文化融合即高校与中小学两个主体经过观念、行为与制度上的碰撞与交流，相互作用、互为影响、不断实现各自文化创新进而达到两者融会贯通的过程，该过程体现了高校与中小学在互补与互惠关系中寻求平衡的态势。文化融合不仅是创生出高效率推动双方合作、高质量促进双方发展的新文化的过程，同时也是一个提升合作双方组织潜能与发展动力的过程。U-S 合作中的文化融合主要表现在以下四个方面。

1. 价值观念融合

价值观念的融合表现在两方面。一是在"中小学实践改进"方面，"强调教师与学生共同成长、思想与行动相互启迪、理论与实践交互创生、学校微观过程与社会宏观进程有机关联；强调在改进学校的思路、框架、方式、风格等具体方面多元多样、和而不同。"[1] 如华东师范大学所开展的"新基础教育"研究持续 15 年坚持走进学校，结合学校和教师的日常实践开展教育改进研究，逐渐创造了以"是将研究的态度、意向和内容贯穿到实践全过程和多方面的实践"为特征的"研究性变革实践"[2]，有效实现高校与中小学两类主体的沟通。二是在"合作关系"方面，强调大学与中小学平等互惠、（对于人格与智能的）相互尊重、共同探索、共同发展。典型成功案例是香港中文大学支持的学校改进计划，其 10 年工作取得的最大的成就"让部分参与计划的学校领导和教师成为主动的'变革能动者'，改变了过去以专家主导的模式……学校改进计划系列的效力，并不是它能在短期内使学校的能量大大提升，而是它能让学校的利益相关者怀着希望去工作、去学习、

---

[1] 吴康宁. 从利益联合到文化融合：走向大学与中小学的深度合作 [J]. 南京师大学报（社会科学版），2010（3）：5-11.

[2] 叶澜. 大学专业人员在协作开展学校研究中的作用 [J]. 中国教育学刊，2009（9）：1-7.

去发展。"❶

2. 知识话语融合

U-S 合作的知识话语融合不仅在于中小学教师学到了大学教师的思想智慧、理论智慧，大学教师学到了中小学教师的行动智慧、实践智慧，双方有基于共同话题实现话语系统的相互倾斜，而且在于合作中双方通过相互启迪与共同探索，创造出了新的经验、知识、语言。"大学与中小学文化融合而产生的新文化乃是其各自对于自身文化与对方文化的超越性产物。"❷

3. 角色意识重构

基于对相互尊重、相互启迪、共同创造的理解，高校专业人员既不可以必然的指导者自居，也不必将自己置于从属性服务者的地位，而应以实践变革合作者的身份参与到学校改进实践变革之中。中小学教师也不能将自身视为既定模式的执行者，而要通过主动学习、反思和重建，努力发挥"变革性实践"主体作用。在大学与中小学人员平等的交流、共同反思、共同求解、共同决策、共同建构的过程中，逐渐意识并体验到大家都是学习共同体的成员，是改进学校"结构"与"规则"的"变革能动者"，是"为了教育改革而作出选择性行动的人"，❸ 因而在合作过程中都有应承担的责任和应享有的权利。

4. 行为方式融合

高校人员对中小学校教育的"结构"以及与"结构"相伴随的"规则"与行动方式给予了解基础上的理解和宽容，并通过有效的针对性支持，帮助中小学教师提高反思与改进自身行为以及行为背后观念和制度因素的能力。中小学教师则在高校人员专业支持下，主动应对专业挑战，选用适当的途径，获得必要知识和能力储备，在思想观念上理解、认同变革主旨，通过持续行动逐渐

---

❶ 卢乃桂. 能动者的思索——香港学校改进协作模式的再造与更新 [J]. 教育发展研究, 2007 (12 B): 1-9.

❷ 吴康宁. 从利益联合到文化融合：走向大学与中小学的深度合作 [J]. 南京师大报（社会科学版），2010 (3): 5-11.

❸ 卢乃桂. 能动者的思索——香港学校改进协作模式的再造与更新 [J]. 教育发展研究, 2007 (12 B): 1-9.

改变自身行为方式和相应制度规则，进而获得专业自主和专业发展。

实现上述融合的过程往往通过以下四个环节得以实现。与以下文化交往方式相关。

1. 创造文化对话

文化对话是指文化输出与输入的交互过程。"文化对话不是用一种文化去分析、辨别另一种或几种文化，也不是用一种文化去压倒或替代其他文化，而主要是交流不同文化的意见。"❶ 高校人员与中小学人员之间应开展多层面、多渠道的沟通与交流活动，提高交流频次的制度性保障，通过平等交流和经常性沟通，增进彼此了解，消除双方之间误会和分歧，在反复研讨与持续互动中相互借鉴、共同决策、一致行动。在对话中，合作双方加深理解和认识，有助于科学设计和推进行动研究方案。

2. 直面文化碰撞

U-S 合作中的文化碰撞或称文化冲突是大学文化与中小学文化在互动过程中因客观存在的差异性特征而导致的抵触、排斥与对立现象。在 U-S 合作中，文化碰撞与文化融合相伴相生。一方面，文化碰撞可能成为合作的阻力，另一方面，在基本利益与原则一致的前提下，文化碰撞也能够促进文化融合的进程，因为文化碰撞会促使双方寻求调节碰撞的规则和策略。如在互惠互利基础上建立中小学研究基地，发挥中小学教师的研究主体作用，高校人员随时入校观察并提出建设性意见，通过定期研讨活动双方人员讨论研究过程中的不同观点，制定双方相对都能够接受的进一步推进方案。其次，文化碰撞能够引起各方重视对方相左观点、行为的合理性与不足，在理性分析中受到对方影响，悄然使自身价值立场、角色定位、知识结构、行为方式向对方靠拢，从而促进文化融合，使得校本化教育科研过程建立在充分的理论依据基础上。

3. 加速文化适应

U-S 合作中的文化适应是合作双方作为主体的主动或被动地借鉴或吸纳

---

❶ 林存华. 师生文化冲突研究［D］. 上海：华东师范大学，2006：54.

行为，是与自身生存发展要求紧密相关的反应或应变措施。当高校与中小学之间产生文化触碰时，其中一方感受到对方文化与自身的差异之处，对差异的认识引发了对对方文化的分析与思考，并在此基础上进行认同性选择。这种认同性选择一般具有两种情况，一是"主动适应"，即一方对另一方有目的地迎合和吸纳，它往往因为具备良好的情感态度以及刻意的准备和调试时间，加之获得舆论支持，因而获得积极的效果；而另一种情况是"被动适应"，是迫于直接压力或间接环境影响而实现的文化适应，不仅动作迟缓、滞后，而且会产生内部的分歧混乱。❶ 因此，在 U-S 合作中，为实现文化融合要倡导主动文化适应的加速，推动校本化教育科研主体双方自觉转换思维，更好实现双重身份的统一，发挥双重身份的优势。

4. 推动文化创造性转化

文化的创造性转化即大学和中小学在交往合作过程中其中的任意一方对自身的文化产生质疑和批判，并采取相应的措施，从而完成内在的创造和向先进的转化。随着共同推动的文化创造性转化，校本化教育科研有了更强的组织和文化依托，能够更加有效地解决实践问题，同时能够更好地实现理论提升，获得强解释力、强适用性的教育科研成果。

【案例】

2014 年以来，北京教育学院先后与北京市部分中小学建立合作关系，统称"北京教育学院与五区九校协同创建新优质学校行动"。

一、共建新优质学校：从资源输出到共同践行教育价值

学院深入五区九校，充分调研，反复协商，制定了《北京教育学院协同区县创建新优质学校行动计划》，以服务基础教育新地图为契机，以"五区九校协同创建新优质学校"为抓手，提出"一校一策略、一校一团队、一校一品牌"的行动计划。

五区九校实践一年以来最大的受益者是学院，是下校实践的教师、科研与管理者。因为，正是在创建新优质学校的实践前沿，高校和中小学教师一同深刻追问、系统思考、

---

❶ 陈平. 多元文化的冲突与融合 [J]. 东北师大学报（哲学社会科学版），2004（1）：35-40.

深入研究"新优质学校"的内涵与外延、目标与路径、要素与特质、育人价值与评价标准体系,并身体力行地全面付诸实践。

例如,新优质学校的品质,通过北京教育学院附属中学(以下简称教院附中)的"阳光教育"得到诠释与印证。"教育的本质,是人对人深入内心的一种正能量的触动和影响。"该校领导始终强调"以阳光之心、育阳光之人",旨在激发和唤醒师生的自信和潜能。学校提出:"争做阳光附中人"的倡议,将"阳光附中人"作为教院附中的育人目标,将"阳光附中人"定义为阳光的学——正直向上、身心健康、主动热情、自尊自强、遵规负责、感恩合作、乐于学习、善于规划,归纳起来就是"会做人、能做事、爱生活"的学生;阳光的教师——师德高尚、行为示范、宽容理解、爱心奉献、团结合作、待人友善、乐业进取、不断发展,归纳起来应该是"有爱心、肯奉献、善钻研"的教师。"阳光学生"与"阳光教师"的提炼、阐述和践行,丰富了教师专业标准研制与教师培训的内容,为学院的创新发展提供了活的源泉。

二、共耕新生态沃土:从重树自信到释放创造潜能

高校与中小学携手同心创建新优质学校,重要的功能在于合作修复教育生态环境,帮助普通学校的老师们找回自信、重树自尊、形成共同行动的自觉。

如何"转弯儿"?高校教师带头、示范、引领至关重要。首先,大学教师放下身段,走进中小学课堂任课执教,直接担任学科教学任务,与一线教师一起开展教学研究。学院选派一位留美博士到丰台附属实验学校任校长助理,组织教师深度访谈,开展欧美教学微视频观摩分析,开展"大领巾小领巾共圆中国梦"等活动,带动了学校教师研究课改、尝试创新的风尚。结合实际开展教学创新,培育学校发展的新生长点。同时,学院教师根据每所学校的特点与需求,开展了初中物理实验、英语戏剧教学、综合实践(小厨师与食品检验员)等课程的研发;支持樱花园实验学校开展"语文四界研究""数学核心概念教学体系与方法研究"等课题研究;还申报了现代学校治理与集团化管理研究课题,研究丰台实验学校理事会章程与例会决策机制等。全新的校本活动内容,吸引了一线老师参与的兴趣,解决了一线教师实践遇到的难题,调动了老师们实践创新的积极性与主动性。

……❶

---

❶ 李方. 高校与中小学深度合作与协同创新实践 [J]. 北京教育学院学报,2015(9):1-4.

（二）提升合作制度的完备性与适切性，建立公开、有序的合作秩序

狭义来说，制度是指在一个社会组织或团体中要求其成员共同遵守并按一定程序办事的规程。制度的意义和价值在于：①协调和整合作用。②界定权利边界和行为空间。③促进经济效率和实现资源分配。④提供物质资源和精神价值的保障。⑤给定特定的信息空间，有利于人们在存在不确定性和风险的环境下，形成稳定的预期和特定的认知模式，从而有利于指导个人和组织行为。⑥伦理教化作用。⑦激励作用。

U-S 合作虽然在学理上有着无可辩驳的合理性与合法性，但在实践中确实存在诸多阻碍因素，而制度建设则是降低现实阻碍的最直接方式。就目前来说，以下制度内容对于 U-S 合作实效性的提升具有切实的支持与保障作用，为建立良好合作秩序、引导正确合作方向、催生自觉合作文化奠定坚实基础。

合作过程中的关键性的制度内容包括：

第一，通过签署协议的方式明确双方的合作关系，对合作的目标、原则、结构、支持性行为以及双方各自的承诺作出规定。

第二，建立由参与合作的地方教育行政部门、学区、中小学校校长与高校主管领导（项目负责人）共同组成的管理委员会，负责决策。

第三，设立合作秘书处，隶属于管理委员会，向管理委员会负责，并行使日常管理与协调职能。

第四，获得稳定的专项运行资金，对资金进行良好管理，并制订人事预算方案，资金来自地方教育行政部门、高校以及中小学。

第五，有来自大学主要行政官员的批文与支持。

第六，对合作过程进行完整的档案管理，经常分析与交流合作的经验与不足。

第七，建立伙伴关系网络，以有效利用双方以及所有伙伴学校的资源和帮助。

第八，在对合作过程中有关制度进行完善的同时，还要将教育行政部门制度建设纳入研究和改进的视野。中国教育行政部门在现时的制度背景下对

高校和中小学具有不可忽视的影响力度，因此教育行政部门有条件、也应该介入大学与中小学合作中。虽然目前教育行政部门在形式上倡导并支持大学与中小学的合作，但在合作的资源分配、评价机制等实际操作方面服务支持保障力度并不足够，甚至有些行政管理规定还无意中阻碍了大学与中小学合作的顺利进行。因此，U-S 合作与校本化研究的顺利进行同样需要教育行政部门相应管理制度的调整和保障。

首先，政府应充分认识高校与中小学合作研究对于推动教育发展的多种作用，将促进高校与中小学合作作为教育行政管理的一项切实内容，在规划、计划中有所体现，分派有关处室作为常规工作内容对引入高校资源、促进高校与中小学合作进行管理；将高校与中小学合作作为一项教师教育制度并列入教师教育培训规划予以推动和支持。

其次，教育行政部门还应对大学与中小学合作提供相应的政策支持和制度保障，例如，对评估高校及高校评估教师的标准进行重新思考和调整、建立相应课题立项及专项经费支持制度、制定合作标准及要求和建立合作效果的评估机制与合作过程的监控机制。

最后，政府和相关教育部门应高度重视和开展研究，探索多元主体、多维推进的教育治理新结构，将 U-S 合作固化为教育事业发展的常态模式。

【案例】

自 2014 年起，北京市通州区小学参与了北京市教育委员会委托项目"基于 UDS 合作下的学校自主发展行动计划"（以下简称"UDS 项目"）。项目将"U""D""S"三方结为合作共同体。在研究方式上，专家采取"沉浸式"的校本支持方式，适时深入学校，激发教师主体作用，促使学校干部教师不断反思、改进日常工作方式，变革陈旧思维与工作习惯，推进学校自主发展；在改进学校工作指向方面，项目旨在通过干部教师的反思，改变工作思维与方式，促进学校日常文化变革和学校工作的全面提升。在参与项目研究的过程中，我们作为地方教育行政部门的"D"方做了如下探索。

一、改变观念，创立双向选择机制

受"UDS 项目"理念的影响，我们转变观念和习惯，改变以往由教委指派学校的简单做法,在项目学校的选择上,建立双向选择机制:首先教委向学校发布项目信息,然后学校自由申报,进而召开项目推介会,由高校专家介绍项目的目标、指导思想、研究领域等基本情况,让学校了解项目的特点与方式。同时,申请学校也要向大学项目团队介绍自己的办学基础、办学追求和办学需求,分析学校自身存在的优势和问题。然后经教委协调进行双向选择,确定项目学校。实践证明,这种双向选择机制为各方更好的合作打下了良好的基础。

二、转变角色,形成共同体治理机制

为保障项目的规范管理与运行,区教委成立项目领导机制。教委主管主任任组长,定期听取工作汇报,宏观指导项目研究;小教科为项目责任科室,参与整个项目研究进程。该项目中,我们积极联系项目组专家对学校进行联合沉浸式指导,深入学校了解具体情况,解决具体问题。比如参加学校行政会,研讨学校工作计划;深入课堂听课,指导教师策划具体活动,等等。在此过程中,我们一方面学习科学的支持学校方法,一方面不断地审视和反思区域学校整体工作。另外,区教委小教科项目联络人尽可能地参与项目组组织的每一次研讨、研修、交流活动,通过参与项目活动,时时跟进、把握项目进展,领会、落实项目精神,获取前沿知识,学习、借鉴其他学校和区县的优秀经验。所以,在项目促进学校发展的同时,对行政人员也时时有所裨益。

三、搭建平台,建立展示交流机制

促进区域义务教育均衡发展与学校整体发展是教育行政部门的重要职责。借助项目研究,通过发挥UDS项目学校的示范引领作用,激发其他学校主动发展的积极性,是实现区域学校整体发展的有效途径。项目学校在参与项目中取得了不少优秀成果与经验,如何将这些优秀成果与经验推广开来、惠及其他学校发展是我们一直思考与探索的问题。为此,我们努力搭建平台,建立展示交流机制,起到推广辐射作用。

第一,着力在区内会议、活动等平台上,交流项目学校的优秀经验。比如在每学期初召开的全区小学学期工作会上安排项目学校进行大会发言,就参与项目的某一方面经验进行交流,并将优秀经验汇编成册,下发各校以供学习借鉴。

第二,充分把握项目组举办的每一次交流活动,积极展示交流我区项目学校的成果。全市范围内的UDS项目学校多达几十所,分布在各个区县,各有特色。每逢交流活动,我们便积极组织我区项目学校统一赴会,督促学校准备好交流材料与发言,以展示、交流我区项目学校的优秀成果。

第六章 | U-S合作视域下校本化教育科研绩效影响因素分析及改进策略

总而言之，作为教育行政部门，我们努力转变传统管理理念与方式，积极建立各项机制，改变过去教育行政部门的单向指令性管理手段。项目组、行政部门和学校三方的利益诉求在最大程度上得到了表达，学校的决策得到了较为充分的讨论与论证，学校管理与发展趋向民主与科学，学校自主发展得到了保障。❶

---

❶ 刘会民，韩晓峰. 教育行政部门在UDS合作共同体中的作用[J]. 北京教育（普教版），2015（7）：28.

第七章

结　语

本书从 U-S 合作的分析视角出发，以校本化教育科研绩效为研究对象，从理论解析和实证研究两个角度回答了校本化教育科研绩效是什么、如何体现、如何测量、现状如何、影响因素如何、管理改进策略等六个具体问题。首先采用理论分析的方法揭示了 U-S 合作中校本化教育科研的特点及其运行机制；在了解校本化教育科研内涵的基础上建构了其绩效评估的指标结构模型；随后运用模糊综合评价法对校本化教育科研绩效进行实证研究，得到现状特征；在借鉴前期研究文献和实际调查经验的基础上，对影响校本化教育科研绩效的因素进行了实证研究，发现了影响要素和影响路径；最后根据影响因素提出了提升校本化教育科研绩效的建议。主要结论包括：

其一，教育科学研究具有较强的实践性，无法脱离具体情境进行抽象的或真空理论的研究，因此中小学具有教育科学研究的天然优势，高校需要与中小学展开合作研究，同时，中小学也需要高校介入的教育科学研究来提升学校的专业能力，使教育供给更加符合教育规律和时代趋势。高校教育科研中对理论的验证、完善与更新，中小学实践中问题的解决、认识的深化、经验模式的形成都是在以中小学具体情境为依托的校本化教育科研现场所实现的，因此，高校与中小学的合作研究的成效必须落实为"为了学校、基于学校、在学校中"的校本化科研绩效。每所学校都有研究意识和能力，每所学校都能够研究出适合学校具体情境的教育方案、教育策略、教育方法，每所学校都能开发出有助于促进教育质量提升的改进行动，才是教育科学研究真正的意义所在。中小学校本化教育科研绩效是 U-S 合作研究的核心体现。

校本化教育科研的特点在于：选题来自于教育教学实践；科研过程与教育教学实践相融合；成果直接体现于实践改进。其运行机制是管理环节和研究环节两大部分的结合，管理环节分为导向、激励、组织、保障；研究环节包括：发现问题、调动知识、更新设计、验证假设、结果分析、固化结果，校本化教育科研的绩效正是从这些环节中所产生。

校本化教育科研绩效是组织的绩效而非个人的绩效；校本化教育科研绩效衡量的是问题解决能力而非成果载体形式；校本化教育科研绩效决定于持续状态而非个别事件；校本化教育科研绩效评价的最大权重主体应为本校教师而非独立第三方。

其二，实证研究表明，校本化教育科研绩效指标是一个四维度十六指标的模型，任务绩效包括设立核心课题、科研活动常态、结论明晰可行、改进原有举措、成果被授奖项五个指标；关系绩效包括分工协作团队、主动同伴互助、自觉反思小结、遵守科研规范、课题成为体系五个指标；适应绩效包括校长参与研究、科研骨干队伍、所有教师参与三个指标；学习绩效包括组织专题培训、学习需求被知晓、培训切实有效三个指标。

其三，采用模糊综合评价法对北京市 U-S 合作下的教育科研绩效进行实证研究，结果显示，U-S 合作组中校本化教育科研工作存在校际差异，但是两极学校数量较少，大部分学校处于中等水平，呈负偏态分布，高于平均分数的学校数更多，校本化教育科研绩效普遍较好。小学高绩效学校数量明显多于中学。

总体来看，适应绩效维度平均得分最高，说明校本化教育科研工作作为学校的整体工作在克服阻力、形成组织合力方面成效突出，校长和骨干的带头作用比较明显，学校科研工作整体思路清楚，课题系统性较好。任务绩效维度平均得分最低，说明通过科研课题和项目产生真正能够影响教育教学活动的成果方面还不足。四个维度按照得分从高到低分别为适应绩效、学习绩效、关系绩效、任务绩效，中学和小学结果一致。

对于校本化教育科研绩效评价的元评价研究结果较好，各一级指标得分处于中上等水平，四个一级指标得分相对均衡，说明以教师为主体的、以模糊综合评价为主要方法的、四维度十六指标校本化教育科研绩效评价科学有效。

其四，通过实证分析发现，学校重视、教师观念、能力基础是中小学校维度影响 U-S 合作中校本化教育科研绩效的因素；学术能力、转化能力、工作作风是高校维度影响 U-S 合作中校本化教育科研绩效的因素；合作的明确性、密切性、行政推动是合作方式维度影响 U-S 合作中校本化教育科研绩效的因素。

在中小学校维度上，教师观念的路径系数达到 0.93，表明教师观念在学校维度对校本化科研绩效的影响最大。因此要加强教师观念的培养，营造中小学良好的科研氛围，激发教师的科研意识。其次是能力基础的影响，路径系数达到 0.79，学校也要提供更多的学习与培训机会，以使教师们能够提高自身水平，增强科研能力基础。

在高校维度，转化能力的路径系数最大，达到 0.86，这说明在高校维度，转化能力起到至关重要的作用，要进一步加深专家和学校的契合性，善于将专家的意见、建议转化为校本化教育科研工作中的指导方向和思路，以有效帮助学校的科研工作，从而提高校本化教育科研绩效。

在合作方式维度，明确性的路径系数最高，达到 0.92，说明要加强高校和中小学之间的联系，加强专家和学校教师之间的联系，增强专家对学校的荣誉感、归属感，明确合作方式、合作目标，使得高校和中小学之间的合作成果可见。

其五，为了提升 U-S 合作中校本化教育科研绩效，提出针对每一影响维度的不同改进策略。中小学维度提出内生策略，其要提升知识管理效能，推进组织专业化发展。包括增强教育研究的科学性以保障任务绩效达成；营造良好组织氛围推动关系绩效发展；通过系统规划学校科研体系促进适应绩效提升；培养教师知识获取与传播能力实现学习绩效增长。高校维度提出转型策略，建议面向实践，实现理论与实践的双向建构。包括转变教育研究范式，从书斋走向田野；完善高校评价机制，尊重研究活动或成果的多样性；变革教师教育课程体系，注重对教师教育研究素养的职前培养。合作维度提出融合策略，合作过程依托制度引导，促成 U-S 双方共生共赢。包括追求深度融合，创生合作研究文化；提升合作制度的完备性与适切性，建立公开、有序的合作秩序。

虽然本研究试图全面深入地揭示 U-S 合作中校本化教育科研绩效的本质问题，但是由于条件限制，还存在一定的不足有待后续研究进一步深化。

一是研究样本局限。由于取样困难，特别是校本化教育科研绩效的评价需要学校多数教师的参与，因此调查涉及人力较多，限制了大规模取样，导致研究样本仅仅达到可接受下限。

二是对象分类不够具体。在现实中，U-S 合作具有多种形式，不同形式下校本化教育科研绩效的特点以及对校本化教育科研绩效的影响因素都有可能不同，但是本研究未能更加细致地对不同形式下的绩效与影响机制做分类研究。

三是对策建议的实证性不足。由于 U-S 合作尚处于初期探索阶段，因此对于如何提升 U-S 合作中校本化教育科研绩效的策略尚缺乏基于实践的经验提炼，本研究只能根据调查反馈意见以及影响因素分析结果进行策略建构。若能假以时日，跟踪若干案例，从中提炼有效策略，其指导性、操作性和实效性将会大幅提升。

参考文献

[1] Stenhouse, Curriculum research and the profession al development of teachers, In An Introduction to Curriculum Research and Development [M]. Heinemann Educational Books, 1975.

[2] Daft R L. Organization Theory and Design [M]. 7th Edition, New Jersey: Southwestern College Publishing Company, 2001.

[3] Drucker P F, et al. Harvard BU-Siness Review on Measuring Corporate Performance [M]. New York: Commonwealth Publishing Co., Ltd, 1998.

[4] Hoywk, Miskel C G. Educational Administration: Theory, Research and Practice [M]. New York, NY: Random House, 1982.

[5] Egon G Guba & Yvonna S Lincoln. Fourth Generation Evaluation [M]. Newbury Park, Calif.: S age Publications, 1989.

[6] W. Carr, S. Kemmis. Becoming Critical: Education, Knowledge and Action Research [R]. Victoria: Deakin University Press, 1982.

[7] Johnson, Beverly, Teacher-As-Researcher. ERIC Digest. Source [M]. ERIC Clearing house on Teacher Education Washington DC, 1993.

[8] Carol M. Santa. & John L Santa. Teacher as Researcher [J]. Journal of Reading Behavior. 1995, Vol 27, No 3.

[9] Dean R Spitzer. Transforming Performance Measurement-rethinking the Way We Measure and Drive Organizational Success [M]. New York: American Management Association, 2007.

[10] Sima Yogev, Abraham Yogev. Teacher Educators as Researchers: A Profile of Research in Israeli Teacher Colleges Vers U-S University Development of Educa-

tion [J]. Teaching and Teacher Education, 2006 (22).

[11] Wayne F Cascio, Herman Aguinis. A pplied Psychology in Human Resource Management. Applied Psychology in Human Resource Management [M]. New Jersey：Prentice Hall PTR, 2010.

[12] Bohme G. Finalization in Science [J]. Social Science Information, 1976 (12).

[13] Ziman J. Postacademic Science：Constructing Knowledge with Networks and Norms [J]. Science Studied, 1996 (15).

[14] Funtowicz, S. O. & Ravetz, J. R. Science for the Post-normal Ages [J]. Futures, 1993 (32).

[15] Etzkowitz H. The Second Academic Revolution and the Rise of Entrepreneurial Science [J]. IEEE Technology and Society Magazine, 2001 (20).

[16] Gibbons M, Limoge C, Nowotny H, Schwartzman S, Scott P and Trow P. The new production of knowledge. The dynamics of science and research in contemporary societies [M]. London：Sage Publications, 1994.

[17] [美] 希拉·斯劳特, 拉里·莱斯利. 学术资本主义：政治、政策和创业型大学 [M]. 北京：北京大学出版社, 2008.

[18] [美] 亨利·埃茨科威兹. 三螺旋 [M]. 周春彦, 译. 北京：东方出版社, 2005.

[19] [美] 克里斯·阿吉里斯. 组织学习 [M]. 2版. 张莉, 李萍, 译. 北京：中国人民大学出版社.

[20] [美] 彼得·德鲁克. 有效的管理者 [M]. 屠瑞华, 张晓宇, 译. 北京：工人出版社, 1989.

[21] 罗珉. 现代管理学 [M]. 成都：西南财经大学出版社, 2002.

[22] 胡启俊. 管理科学与高校科研管理 [M]. 北京：北京师范大学出版社, 1988.

[23] 冉宗植. 科研组织行为学 [M]. 北京：科学技术文献出版社, 1991.

[24] 钱三强. 掌握科研管理的客观规律, 建立中国特色的管理科学 [J]. 科学研究的组织与管理, 1982 (9).

[25] 张世平. 中小学教育科研管理与评价 [M]. 重庆：重庆出版社, 2001.

[26] 曾焕华. 新科学论［M］. 台北：银天文化事业公司，1988.

[27] ［美］杰拉尔德·霍尔顿. 科学与反科学［M］. 范岱年，陈养惠，译. 南昌：江西教育出版社，1999.

[28] 钱兆华. 科学哲学新论：关于科学的理性思考［M］. 镇江：江苏大学出版社，2011.

[29] 刘大椿. 从中心到边缘：科学、哲学、人文之反思［M］. 北京：北京师范大学出版社，2006.

[30] 舒伟光，邱仁宗. 当代西方科学哲学述评［M］. 2版. 北京：中国人民大学出版社，2006.

[31] 曾天山. 教育科研的视野与方向［M］. 北京：教育科学出版社，2009.

[32] 叶澜. 新基础教育探索性研究报告集［R］. 上海：三联书店，1999.

[33] 叶澜. "新基础教育"发展性研究报告集［M］. 北京：中国轻工业出版社，2004.

[34] 叶澜. 教师角色与教师专业发展新探［M］. 北京：教育科学出版社，2001.

[35] 戚涌，李千目. 科学研究绩效评价的理论与方法［M］. 北京：科学出版社，2009.

[36] 李永生. 中小学教育科研工作评价［M］. 北京：北京出版社，2006.

[37] 李三福. 教育科研评价论［M］. 长沙：湖南科学技术出版社，2010.

[38] 蔡笑岳. 教师专业发展与教育评价［M］. 广州：暨南大学出版社，2007.

[39] 谌启标，余文森，等. 新课程与学校管理创新校长读本［M］. 福州：福建教育出版社，2004.

[40] 宁虹. 教师成为研究者：国际运动 理论 路径 实践［M］. 北京：首都师范大学出版社，2002.

[41] 陈桂生. 到中小学去研究教育——"教育行动研究"的尝试［M］. 上海：华东师范大学出版社，2000.

[42] 卢海弘. 当代美国学校模式重建［M］. 广州：中山大学出版社，2004.

[43] 文东茅. 知识生产的模式与教育研究——北京大学教育学院的案例分析［J］. 北京大学教育评论，2010（10）.

［44］李志峰. 知识生产模式的现代转型与大学科学研究的模式创新［J］. 教育研究，2010（4）.

［45］陈伟. 势差对知识治理绩效的影响机理研究［J］. 科学学研究，2012（13）.

［46］杨朝晖. "UDS合作实践共同体"：教育学知识创生与实践转化的新机制［J］. 南京社会科学，2012（4）.

［47］伍红林. 大学教育理论工作者与中小学教师合作研究过程探析［J］. 教育发展研究，2009（10）.

［48］杨朝晖. "U-S"伙伴合作关系问题研究述评［J］. 首都师范大学学报（社会科学版），2009（3）.

［49］陈振华. 论U-S合作长效机制的构建［J］. 教育发展研究，2013（4）.

［50］彭虹斌. U-S合作的困境、原因与对策［J］. 教育科学研究，2012（2）.

［51］王少非，崔允漷. 大学—中小学伙伴关系：一种分析框架［J］. 全球教育展望，2005（3）.

［52］赵玉丹. 大学与中小学伙伴合作：国外研究的现状及述评［J］. 内蒙古大学学报（教育科学版），2007（3）.

［53］张景斌，杨朝晖. 大学支持中小学群体发展的新模式［J］. 中国教育学刊，2010.3.

［54］樊平军. U-S合作研究：中小学教育科研的新选择［J］. 中小学校长，2011（3）.

［55］吴康宁. 从利益联合到文化融合：走向大学与中小学的深度合作［J］. 南京师大学报（社会科学版），2010（3）.

［56］李虎林. 文化差异与融合：U-S合作的基础与追求［J］. 当代教育与文化，2011（3）.

［57］鞠玉翠. 大学与中小学伙伴合作要点分析——基于学校改进的目的［J］. 中国教育学刊，2012（4）.

［58］伍红林. U-S协作背景下的中小学校际共同体：动力、内涵与运作策略［J］. 教育发展研究，2009（18）.

［59］周耀威. 试论"基于对话"的研究共同体［J］. 教育理论与实践，2006

（7）．

[60] 刘旭东．论基于U-S合作伙伴关系的教师教育改革——以西北师范大学为例［J］．当代教师教育，2012（9）．

[61] 牛瑞雪．行动研究为什么搁浅了：大学与中小学合作研究的困境与出路［J］．课程·教材·教法，2006（12）．

[62] 牛丽丽．高校与中小学合作研究存在的问题：中小学教师研究者身份缺失现象分析［J］．现代教育技术，2010（1）．

[63] 金忠明．大学—中小学合作变革的潜在冲突［J］．上海教育科研，2006（6）．

[64] 张景斌．大学与中小学的伙伴协作：动因、经验与反思［J］．教育研究，2008（3）．

[65] 伍红林．美国大学与中小学合作教育研究：历史、问题、模式［J］．比较教育研究，2008（8）．

[66] 杨小微．大学与中小学的文化互动及共生［J］．教育发展研究，2011（20）．

[67] 邬志辉．学校改进的"本土化"与内生模式探索——大学与中小学合作伙伴关系的维度［J］．教育发展研究，2010（4）．

[68] 颜宝月．台湾推动大学与中小学携手合作：理念、实践与对策［J］．教育发展研究，2011（20）．

[69] 王恒．中外大学与中小学合作研究的回顾与展望［J］．黑龙江高教研究，2010（10）．

[70] 王丹娜．美国基于学校改进的大学与中小学合作伙伴建构［J］．外国中小学教育，2009（4）．

[71] 谌启标．西方国家大学与中小学的合作伙伴研究［J］．教育评论，2009（3）．

[72] 滕明兰．从"协同合伙"走向"共同发展"：大学与中小学合作问题研究［J］．教育发展研究，2008（22）．

[73] 杨启光．美国大学与中小学伙伴关系的质量保证策略［J］．外国中小学教育，2007（11）．

［74］孙元涛. 从"捉虫"效应与"喔"效应说开去——大学与中小学合作研究的理论分析［J］. 上海教育科研，2006（12）.

［75］伍红林. 大学与中小学合作教育研究：当代中国教育理论发展与教育实践变革的一种取向［J］. 基础教育，2008（6）.

［76］杨朝晖. UDS 合作实践共同体——教育学知识创生与实践转化的新机制［J］. 南京社会科学，2012（4）.

［77］王显芳. 欧美教育合作新举措：EC/US 计划的内容、特点及启示［J］. 比较教育研究，2004（3）.

［78］刘尧. 关于教育、教育科学定义争鸣的评论［J］. 天津市教科院学报，2007（8）.

［79］刘尧. 科学精神：中国教育工作者的追求［J］. 湖南师范大学教育科学学报，2003（7）.

［80］郑金洲. 从实践者转变为研究者：教师角色的变化［J］. 人民教育，2004（2）.

［81］郑金洲. 教师教育科研三十年的变迁进程［J］. 上海教育科研，2008（1）.

［82］潘国青. 浅论教育科研成果的推广［J］. 教育科学研究，1994（5）.

［83］李三福. 试论教育科研评价的基本原则［J］. 当代教育论坛，2009（8）.

［84］曾天山. 教育科研评价体系现状与改进思路［J］. 中国教育学刊，2009（9）.

［85］骆泽民. 试论中小学教育科研的价值、基础和方法［J］. 上海教育科研，2010（S1）.

［86］陈发军，熊少严. 努力实现中小学教育科研的"本真"价值——基于广州市的调查研究［J］. 中国教育学刊，2010（11）.

［87］潘国青. 中小学教师能否"探索教育规律"——试论学校教育科研的"泛化"与"规范"［J］. 上海教育科研，2010（7）.

［88］李里. 对中小学教师参与教育科研的认识与思考［J］. 教育与职业，2010（5）.

［89］夏子辉. 中小学教育科研成效低下探析［J］. 中国教育学刊，2009（9）.

［90］魏宏聚，金华宝. 变与不变：四种科研理念异同比较——兼论中小学教育

科研方法的价值追求 [J]. 中国教育学刊, 2008 (10).

[91] 汤先平, 汤夺先. 中小学教育科研问题的若干思考 [J]. 现代教育科学, 2008 (8).

[92] 罗才荣. 论中小学教师教育科研的价值取向 [J]. 教学与管理, 2007 (36).

[93] 朱利霞. 中小学教育科研的价值取向 [J]. 教育理论与实践, 2007 (18).

[94] 潘国青. 发达地区中小学学校教育科研持续发展研究 [J]. 上海教育科研, 2007 (5).

[95] 刘本剑. 中小学教师教育科研课题选择问题探析 [J]. 江西教育科研, 2006 (10).

[96] 陈赟. 中小学教育科研突围：直面真实 [J]. 当代教育科学, 2006 (7).

[97] 邓李梅, 曹中保. 关于中小学教师教育科研目的定位的研究 [J]. 教育探索, 2004 (10).

[98] 郑金洲. 改进实践：中小学教育科研的指向 [J]. 人民教育, 2004 (1).

[99] 刘尧, 冯洁. 中小学为何要开展教育科研 [J]. 现代教育科学, 2003 (08).

[100] 杨朝晖, 王云峰. 中小学应搞什么样的科研——对校本教育科研内涵特征的再思考 [J]. 上海教育科研, 2003 (5).

[101] 宗树兴. 论中小学教育科研目标的全面实现 [J]. 中国教育学刊, 2002 (3).

[102] 张济洲, 刘淑芹. 发达国家中小学教育科研改革的举措与经验 [J]. 外国中小学教育, 2006 (3).

[103] 项志康, 徐国庆, 张友良. 中小学校教育科研管理研究概述 [J]. 上海教育科研, 1993 (2).

[104] 赵诗安. 关于中小学教育科研评价的思考 [J]. 江西教育科研, 2002 (2).

[105] 李三福, 张丽萍. 教育科研评价研究的基本理路 [J]. 当代教育论坛（校长教育研究）, 2007 (10).

[106] 郑慧琦. 谈学校教育科研评价的基本取向 [J]. 上海教育科研, 2003

(5).

[107] 高翔, 杨远萍. 学校教育科研评价的适切性研究 [J]. 当代教育科学, 2009 (24).

[108] 王晋萍, 甘霖. 杨立英国内外科研绩效评价方法比较 [J]. 科学学研究, 2002 (12).

[109] 李锋, 葛世伦, 尹洁. 高校科研绩效评价模型研究 [J]. 科技管理研究, 2009 (7).

[110] 赵京广, 王振国. 组织绩效相关研究综述 [J]. 产业与科技论坛, 2010 (9).

[111] 王雅芬. 国内外高校科研评价方式的比较研究 [J]. 评价与管理, 2005 (3).

[112] 顾丽娜, 陆根书. 澳大利亚科研评价体系介绍 [J]. 理工高教研究, 2006 (2).

[113] 陈志强, 徐建培, 韩光亭. 国内哲学社会科学科研评价研究现状和发展趋势 [J]. 科技管理研究, 2009 (10).

[114] 任飚, 李田田, 陈安. 结构方程模型在科研机构评估中的应用 [J]. 实验技术与管理, 2007 (8).

[115] 刘莉. 欧洲各国大学科研评价及其启示 [J]. 评价与管理, 2005 (6).

[116] 杜伟锦. 高校科研评价现状与完善途径探析 [J]. 高等教育研究, 2004 (7).

[117] 朱文辉. 高校科研评价制度量化之得失 [J]. 沈阳师范大学学报 (自然科学版), 2007 (7).

[118] 王梅. 高校生态型科研绩效评价指标体系研究 [J]. 当代教育论坛, 2010 (12).

[119] 吴晓春, 贾丹. 高校学术腐败的科技伦理反思——兼论我国高校科研评价体系 [J]. 南京理工大学学报 (社会科学版), 2006 (6).

[120] 张先友. 科研绩效管理模型的柔性化改进 [J]. 新西部, 2008 (8).

[121] 赵庆. 美国学术反思运动对高校教师科研绩效评价的影响及启示 [J]. 理工高教研究, 2009 (6).

[122] 齐晶晶. 浅析我国高校人文社会科学教师科研绩效评价的变革 [J]. 现代教育科学, 2009 (6).

[123] 李培利. 人文社会科学教师科研评价的问题与思考 [J]. 现代教育科学, 2009 (6).

[124] 陈欣. 学校绩效的多维透视 [J]. 教学与管理, 2003 (7).

[125] 张洋, 朱少强. 高校科研评价中的教学促进因素 [J]. 高教发展与评估, 2010 (1).

[126] 徐璟, 雷寒, 刘建瑛. 高校人力资源管理的导向性研究——职称量化测评对科研绩效影响的实证分析 [J]. 黑龙江高教研究, 2009 (5).

[127] 武向荣. 教师科研绩效激励机制研究——基于新制度经济学的视角 [J]. 教师教育研究, 2009 (11).

[128] 蔡永红, 林崇德. 绩效评估研究的现状及其反思 [J]. 北京师范大学学报 (人文社会科学版), 2001 (4).

[129] 马成功, 王二平, 林平. 基于行为的绩效评定方法的研究进展 [J]. 心理科学进展, 2002 (4).

[130] 陈学军, 王重鸣. 绩效模型的最新研究进展 [J]. 心理科学, 2001 (6).

[131] 谌启标. 美国有效教师研究述评 [J]. 集美大学学报, 2006 (6).

[132] 曾萍；蓝海林. 组织学习对绩效的影响：中介变量作用研究综述 [J]. 研究与发展管理, 2011.

[133] 伍红林. 合作教育研究中两类主体间关系的研究 [D]. 上海：华东师范大学, 2009.

[134] 王恒. 我国大学与中小学合作机制研究 [D]. 北京：北京师范大学, 2011.

[135] 武云飞. 合作共生共赢——大学与中小学合作变革的内生逻辑研究 [D]. 上海：华东师范大学, 2012.

[136] 张翔. 教师教育共生性合作问题研究 [D]. 重庆：西南大学, 2012.

[137] 房慧. 资源依附理论视角下大学与中小学关系改进研究 [D]. 上海：华东师范大学, 2013.

[138] 李翠莲. 大学与中小学合作的困境及其策略选择——以美国教师专业发

展学校为个案［D］．北京：首都师范大学，2008．

［139］宋敏．大学与中小学合作研究现状、问题及思考［D］．北京：首都师范大学，2005．

［140］许超．大学与中小学合作发展中的权力冲突与调适策略研究［D］．哈尔滨：哈尔滨师范大学，2012．

［141］殷芬．大学—中小学合作研究与教师成为研究者［D］．上海：华东师范大学，2005．

［142］陈志强．哲学社会科学科研评价研究［D］．青岛：青岛大学，2008．

［143］张冲．学校教育科研的现状分析及其对策研究［D］．上海：华东师范大学，2010．

［144］谢章莲．论教师成为研究者［D］．湖南：湖南师范大学，2005．

［145］喻登科．科技成果转化知识管理绩效评价研究［D］．哈尔滨：哈尔滨工程大学，2010．

［146］陈亮．员工知识网络、员工关系网络及其与员工绩效间关系的研究［D］．上海：上海交通大学，2009．

［147］翟立新．基于知识生产函数的公共科研机构绩效评价模型研究［D］．北京：北京理工大学，2005．

［148］基于投入产出分析的科研绩效评价理论模型及方法研究［D］．哈尔滨：哈尔滨工业大学，2004．

［149］周伟．基于DEA方法的研究型大学科研绩效实证研究［D］．天津：天津大学，2010．

［150］蒋蓉华．企业知识管理绩效评价研究［D］．长沙：中南大学，2004．

［151］高章存．基于知识增长的企业学习能力结构和评价研究［D］．合肥：中国科学技术大学，2008．

［152］于冬．企业合作创新绩效影响因素分析［D］．大连：大连理工大学，2008．

［153］文庭孝．科学评价的理论问题研究［D］．武汉：武汉大学，2006．

［154］张秀丽．学校科研管理制度创新研究［D］．上海：华东师范大学，2009．